Verjagt, ermordet · Zeichnungen jüdischer Schüler · 1936–1941

Julo Levin Anfang der dreißiger Jahre (Foto: Privatbesitz)

Verjagt, ermordet

Zeichnungen jüdischer Schüler · 1936 – 1941

claassen

Herausgeber: Landeshauptstadt Düsseldorf, Stadtmuseum, 1988
Direktor: Dr. Wieland Koenig

Abbildung auf dem Schutzumschlag:
Hiob von Ilse Marx, Oktober 1936 (Kat. Nr. 1)
Schutzumschlaggestaltung: Klaus Detjen, Hamburg

CIP-Titelaufnahme der Deutschen Bibliothek

Verjagt, ermordet: Zeichn. jüd. Schüler; 1936−1941 /
[Hrsg.: Landeshauptstadt Düsseldorf, Stadtmuseum]. −
Düsseldorf: claassen, 1988
  Ausstellungskatalog
  ISBN 3-546-49355-9
NE: Stadtmuseum <Düsseldorf>

Copyright © 1988 by claassen Verlag GmbH, Düsseldorf,
und Ministerium für Bundesangelegenheiten
des Landes Nordrhein-Westfalen, Bonn
Alle Rechte vorbehalten
Gesetzt aus der Walbaum der Firma Linotype
Satz: ICS Communikations-Service GmbH, Bergisch Gladbach
Druck und Bindearbeiten: Druckhaus B. Kühlen KG, Mönchengladbach
Printed in Germany
ISBN 3-546-49355-9

Inhalt

Grußwort

Daß Vergangenes eben nicht vergeht oder ›vom Winde verweht wird‹, kann für die Lebenden eine Last sein. Uns Deutschen, wie verunsichert und verwirrt wir auch darüber nachdenken mögen, wird diese Last nicht erspart. Freilich, indem wir uns das Vergangene vergegenwärtigen und uns dieser Last bewußt werden, gewinnen wir auch ein Stück politischer und menschlicher Kraft, die uns fähig machen kann, in Gegenwart und Zukunft so zu denken und zu handeln, daß unterscheidbar wird, wie es um Menschlichkeit und Brüderlichkeit bestellt ist — heute und gestern.

Aus solcher Erkenntnis und Nachdenklichkeit will ich der Ausstellung mit Zeichnungen jüdischer Kinder aus der Zeit des Dritten Reiches, die vom Düsseldorfer Stadtmuseum geplant wurde und betreut wird und die 1988 in unserer Landesvertretung in Bonn, danach noch in Jerusalem, Paris, Los Angeles, Washington und New York gezeigt wird, ein dankbares und zugleich hoffnungsvolles Grußwort mit auf den Weg geben.

Diese Kinderzeichnungen sind zwischen 1936 und 1938 im Unterricht des jüdischen Malers Julo Levin an der jüdischen Schule in Düsseldorf entstanden. Sie sind ein Dokument jüdischen Lebens in diesen schweren Jahren. Sie erinnern uns daran, daß es dieses jüdische Leben in jener Zeit mitten unter unseren Eltern und Großeltern trotz aller Verfolgung und Entrechtung noch gegeben hat. Wie Kinder dieses Leben begriffen, für sich entdeckt und dann zeichnerisch ausgedrückt haben — das muß und soll uns auch im ›Abstand‹ von fünfzig Jahren ergreifen und bewegen. Auch das ist ein Beitrag zur

deutschen Geschichte in diesem Jahrhundert, die wir nicht mit dem Versuch möglichst objektiver Wahrnehmung der Nachgeborenen betrachten können.

Im Jahre 1988 werden wir uns nicht nur an Novembertage vor fünfzig Jahren zu erinnern haben, in denen Synagogen angezündet, jüdische Geschäfte zerstört und geplündert, Gemeindehäuser demoliert und jüdische Mitbürger verhöhnt und mißhandelt wurden. Der Ausdruck ›Reichskristallnacht‹ ist zweifellos ein zynisches Wort. Er darf nicht verbergen, daß es sich um ein befohlenes Pogrom handelte, das Juden im Dritten Reich gefügig, auswanderungswillig und ihrer Entrechtung bewußt machen sollte. Ich kann die Chronik der Judenverfolgung von 1933 bis 1938 hier nicht beschreiben. Sie ist mühelos in Geschichtsbüchern nachzulesen. Wir wissen: Diese fünf Jahre waren das erste Kapitel einer nationalsozialistischen Ausrottungspolitik, geprägt von Rassenwahn und vom Willen, den Herrenmenschen als ein Ziel deutscher Nationalgeschichte zu etablieren.

Das war nicht nur eine aberwitzige und unzulässige Interpretation deutscher Geschichte, sondern die diktatorisch praktizierte Politik der Unmenschlichkeit. Viel zu viele haben geschwiegen, mitgemacht, zugesehen, nicht ernst genug genommen und gehorcht — übrigens nicht nur in Deutschland, was freilich unsere deutsche Verantwortung nicht schmälern kann.

Die Ausstellung mit Zeichnungen jüdischer Kinder wird uns und später andere in Europa, in Israel und den USA daran erinnern. Wir wollen und müssen sie, und wenn möglich nicht nur unter dem Aspekt fünfzigjähriger Erinnerung, als historisches Dokument, vor allem aber als Mahnung begreifen, alles zu tun, um heute und in Zukunft zu garantieren: In Frieden leben ist nur möglich durch Miteinanderleben, ohne Ausgrenzung, ohne Feindbild, ohne Rassentheorie und Herrschaftswahn. Freiheit und Menschenrechte dürfen nicht teilbar sein.

Johannes Rau
Ministerpräsident des Landes
Nordrhein-Westfalen

Nicht nur Bilder
Statt eines Vorworts

Für Lili und Ephraim Eylon

Man hat − nein: Nie wieder ›man‹, sondern ihre Mit-Deutschen, ihre Mit-Düsseldorfer haben sie aus den Schulen ausgeschlossen, in jüdischen Schulen separiert, sie dann ihrer Heimat − Düsseldorf −, ihrer Eltern, ihrer Freunde, ihrer Wurzeln beraubt, sie verjagt, sie ermordet. Wie ihren Lehrer Julo Levin, der 1943 in Auschwitz nicht ›umkam‹, sondern ermordet wurde. Noch sind wir nahe genug am Verbrechen, um darauf achten zu können, daß es als solches auch benannt wird. Über eintausend ihrer Zeichnungen haben sich erhalten, von Mieke Monjau und Carl Lauterbach vor der Gestapo versteckt, gerettet und vor einiger Zeit dem Stadtmuseum Düsseldorf geschenkt.

Was konnten Düsseldorfer Kinder vor 1933 von ihrem späteren Schicksal ahnen, als sie eingeschult wurden, ob sie nun Proletarierkinder in Flingern waren, wie sie Mathias Barz 1926 malte (Abb. 1), gutbürgerlich im Körbchen behütete Babys (Gerhard Keller: ›Kinderbildnis‹ von 1928; Abb. 2), verschüchtert Modell sitzende Jungen (Willem Stocké: ›Karlrobert Kreiten‹, um 1925 [Abb. 3], 1943 in Plötzensee erhängt), oder ob sie die Hoffnung treudeutscher, wiederbewaffneter Spießer verkörperten (Adolf Uzarski: ›Deutsche Familie‹, 1932; Abb. 5)?

Waren sie Juden, war ihr Schicksal schon beschlossene Sache, die nach 1933 ausgeführt wurde.

Im Exil schuf Bernhard Sopher 1942 eine Skulpturenserie mit dem Titel ›Motherhood in War‹ − Frauen versuchen ihre Kinder vor den Schrecken des Krieges zu bewahren (›Chinesische Mutter‹, Abb. 9); ›Bombenmadonna‹ bezeichnete Paul Loskill sein 1943 gemaltes Bild, das eine Frau mit ihrem sterbenden Kind vor dem brennenden Düsseldorf zeigt (Abb. 10).

Die Eltern aller dieser Kinder waren vor 1933 längst Erwachsene. ›Inferno‹ (Abb. 11) ist der Titel eines großen Bildes von Mathias Barz, an dem er von 1945 an bis zu seinem Tod malte. Er wurde nicht fertig mit der quälenden Frage nach der Schuld seiner sich abendländisch, christlich nennenden Nation. Ebenso verfolgte diesen Maler der Gedanke an die in den Konzentrationslagern hingemordeten Kinder. 1979 schuf er das Bild ›SS-Mann‹ (Abb. 12).

Wie stehen sie heute dazu? Der 1951 von Peter August Böckstiegel porträtierte Flüchtlingsjunge (Abb. 13) oder der junge Mann, der die Bergwelt bewundert, während hinter seinem Rücken sich Altes − Neues zusammenbraut (Matthias Koeppel: ›Blick zurück [Des Führers Teehaus bei Berchtesgaden]‹, 1985; Abb. 14). Aber wir müssen nicht bis Bayern fahren. Auch Düsseldorf hat seine Stadtbilder: ›Von hier aus: Deportiert‹ − der Bahnhof Düsseldorf-Bilk − (Lothar Spinn-Conradt, 1985; Abb. 18) und ›Mühlenstraße: Majdanek-Prozeß‹ − das Düsseldorfer Amtsgericht − (Lothar Spinn-Conradt, 1985; Abb. 19).

»Lebt Mengele noch?« war die Frage, die Youval Yariv dann zu einem großen Bilderzyklus anregte: ›Der Künstler auf seinem Weg zur Arbeit‹ (›Hommage à Dinah Gottlieb Nr. 1‹) (1985; Abb. 15) und Nr. 4 (1986/87; Abb. 16).

Auch wenn wir mit Sicherheit Mengele begraben hätten, unsere Scham und unser Zorn haben kein Grab.

Wieland Koenig

1 Mathias Barz *Proletarierkinder* 1926 (Kat. Nr. 108)

2   Gerhard Keller *Kinderbildnis* 1928 (Kat. Nr. 109)

3   Willem Jean Baptiste Stocké *Karlrobert Kreiten* um 1925 (Kat. Nr. 106)

4 Franz Monjau *Karneval* 1929 (Kat. Nr. 110)

5   Adolf Uzarski *Deutsche Familie* 1932 (Kat. Nr. 111)

6   Julo Levin *Meine Mutter* 1939/40 (Kat. Nr. 115)

7 Julo Levin
Mein Freund Ibrahim
1931
(Kat. Nr. 113)

8 Julo Levin
Hiob
1933/34
(Kat. Nr. 114)

9 Bernhard Sopher *Chinesische Mutter* 1942 (Kat. Nr. 118)

10   Paul Loskill *Die Bombenmadonna* 1943 (Kat. Nr. 119)

11 Mathias Barz *Inferno* 1945 begonnen (Kat. Nr. 122)

12   Mathias Barz *SS-Mann* 1979 (Kat. Nr. 123)

13 Peter August Böckstiegel *Flüchtlingsjunge* 1951 (Kat. Nr. 121)

14 Matthias Koeppel *Blick zurück (Des Führers Teehaus bei Berchtesgaden)* 1985 (Kat. Nr. 126)

15   Youval Yariv *Der Künstler auf seinem Weg zur Arbeit (Hommage à Dinah Gottlieb Nr. 1)* 1985 (Kat. Nr. 127)

16   Youval Yariv *Der Künstler auf seinem Weg zur Arbeit (Hommage à Dinah Gottlieb Nr. 4)* 1986/87 (Kat. Nr. 128)

17   Sandra Ikse *Zur Erinnerung an Anne Frank* 1985 (Kat. Nr. 129)

18 Lothar Spinn-Conradt *Von hier aus: deportiert (Stadtbild)*
1985 (Kat. Nr. 124)

19 Lothar Spinn-Conradt *Mühlenstraße: Majdanek-Prozeß
(Stadtbild)* 1985 (Kat. Nr. 125)

Meine Erinnerungen an Julo Levin und Franz Monjau und die Geschichte der Schülerzeichnungen

Mieke Monjau

Ich begegnete Julo Levin zum ersten Mal im Jahre 1928 bei einem Künstlerfest der Düsseldorfer Maler.

In den sogenannten ›goldenen zwanziger Jahren‹ waren diese Künstlerfeste, vor allem im Karneval, weit über Düsseldorf hinaus berühmt. Für die Schülerinnen der Rhythmischen Schulgemeinde Hilda Senff in Düsseldorf, zu denen ich gehörte, war es selbstverständlich, sie zu besuchen, denn es gab einen engen Kontakt zwischen diesen Schülerinnen und den Studenten der Kunstakademie und den Malern. Das Karnevalsfest im ›Zoo‹ stand meiner Erinnerung nach unter dem Motto ›Ausgerechnet Bananen‹ (nach einem damaligen Schlager) — und Julo Levin war mein Tanzpartner. Er war damals bereits als freier Maler tätig und gehörte zu den künstlerischen Gestaltern dieses Festes. Es war für ihn bezeichnend, daß er sich die einzige nicht kostümierte Frau im Saal als Tänzerin für den Abend wählte — nämlich mich. Eine nähere Bekanntschaft entwickelte sich aus dieser Begegnung nicht.

1929, wiederum bei einem Karnevalsfest der Düsseldorfer Maler, diesmal in der ›Rheinterrasse‹, lernte ich Franz Monjau kennen. Ein Ölbild von Franz Monjau stellt diese Begegnung 1929 dar. Es ist heute im Besitz des Düsseldorfer Stadtmuseums (Abb. 4).

Wir heirateten am 10. Mai 1930.

Julo Levin und Franz Monjau hatten gemeinsam an der Düsseldorfer Kunstakademie studiert, waren gemeinsam Meisterschüler bei Heinrich Nauen gewesen. Sie hatten 1926 bei der Ausgestaltung der Düsseldorfer Ausstellung ›Gesolei‹ (Gesundheits-pflege, sociale Fürsorge und Leibesübungen) mitgearbeitet. Von dem Honorar machten beide Künstler ihre erste Studienreise nach Paris — aber nicht gemeinsam.

Beide waren Mitglieder der Künstlervereinigungen ›Das Junge Rheinland‹ und ›Die Rheinische Sezession‹ und auf deren Ausstellungen vertreten. Sie gehörten zum Kreis der Kunsthändlerin Johanna Ey in Düsseldorf. In dieser Zeit waren sie nur Kollegen, ohne sich näherzukommen.

Während Julo Levin bis 1933 weiter als freier Maler wirkte, entschloß sich Franz Monjau 1928 zu einem zweiten Studium: Er ließ sich an der Düsseldorfer Kunstakademie und an der Universität in Köln für das ›Künstlerische Lehramt‹ ausbilden und absolvierte bis 1933 das Werklehrer- und Referendarexamen und den größten Teil der vorgeschriebenen Referendarzeit an zwei Gymnasien.

Julo Levin hingegen war weiter in Ausstellungen, auch in denen der Juryfreien in Berlin, München, Stettin, Hannover und in anderen Städten vertreten. 1928, nach einer Ausstellung in Hannover, erschien in der Pariser Zeitschrift ›La Revue Moderne‹ ein bebilderter Artikel über den siebenundzwanzigjährigen Künstler, in dem es unter anderem hieß: »Er hat seine besten Geisteskräfte noch nicht preisgegeben. Eine Zeit wird kommen, hoffentlich bald, in der Julo Levin Gelegenheit findet, sich voll und ganz auszudrücken. Zu diesem Zeitpunkt werden wir mit einiger Überraschung sehen, daß er seine Meister und Vorgänger auf dem von ihnen vorgezeichneten Weg bereits überholt hat, daß er zum Wegbereiter berufen ist.«

Wer ahnte, daß ihm nur noch wenige Jahre bleiben würden? Höhepunkt in seinem Leben war ein
halbjähriger Aufenthalt 1931 in Marseille. Hier
arbeitete er voll Intensität und Entdeckerfreude und
in einer bisher unbekannten Freiheit.

Es war leicht für ihn, Verbindung mit Negern,
Javanern, Zigeunern, Kreolen und Arabern zu knüpfen und ihr Mißtrauen gegen ihn, den ›Weißen‹,
abzubauen. Wenn er sie porträtierte, öffneten sie
ihm ihr Herz und ließen ihn an ihrem Schicksal
teilnehmen. Er wurde ihr Freund. Das Bild ›Mein
Freund Ibrahim‹ (Abb. 7) spricht davon.

In seinen Briefen aus Marseille schreibt er: »15. 7.
1931 Marseille . . . Im Hafen habe ich schon manchen guten Bekannten, besonders unter den Negern.
Einige habe ich schon porträtiert, aber es ist nicht
leicht, sie dazu zu überreden . . . Wir machen lange
nächtliche Spaziergänge auf der Mole . . . Ich habe
hier unverdient gute Tage . . .« »10. 9. 1931 Marseille . . . Langsam mache ich mich schon mit deutschen Verhältnissen vertraut, um den Schreck beim
Erwachen zu verringern. Wie mag es noch werden in
einer Stadt, die weder Neger noch Türken noch das
übrige Gesindel aufweist . . . und die nicht einmal
einen anständigen Hafen hat . . .«

Aber das Erwachen ging weit über alle Vorstellungen hinaus. Es war das letzte Jahr vor Hitlers Macht-
antritt. Jetzt trafen wir Julo Levin bei Anti-Hitler-
Veranstaltungen und Vorträgen, jeder ging auf seine
Weise den Weg des Widerstandes. Die Parole der
›Asso‹ (Association Revolutionärer Bildender Künstler Deutschlands): »Wer Hitler wählt, wählt den
Krieg« schien uns so überzeugend, daß wir uns
einen Sieg der Nazis nicht vorstellen konnten.

Doch die politische Lage spitzte sich mehr und
mehr zu bis zur Machtergreifung Adolf Hitlers. Am
30. Januar 1933 wurde der ›Führer‹ Reichskanzler
— und Franz Monjau 30 Jahre alt. Ein trauriger
Geburtstag. Wir waren fassungs-, aber noch keineswegs hoffnungslos. Was auf uns zukam, konnten wir
uns nicht vorstellen; doch nun ging es Schlag auf
Schlag. Alle Andersdenkenden, darunter die als
Gegner Adolf Hitlers bekannten Künstler, wurden
verfolgt, verfemt, hatten Hausdurchsuchungen, Ver-

20 Hanna Fonk *Mieke Monjau* 1947 (Kat. Nr. 120)

haftung und Konzentrationslager zu befürchten. Das
unruhige Warten auf die schweren Schritte auf den
Treppen um fünf Uhr morgens und das wütende
Klopfen an den Wohnungstüren sollte zwölf Jahre
lang anhalten.

Jeder Tag brachte neue Hiobsbotschaften. Julo
Levin war plötzlich ›Jude‹, und Franz Monjau
›Mischling ersten Grades‹. Er und seine Eltern
waren zwar katholisch, aber die Großeltern mütter-
licherseits waren Juden, und beide Künstler waren
außerdem politisch ›vorbelastet‹.

Julo Levin wurde denunziert und verhaftet, er
hatte einem Flüchtling Unterschlupf gewährt. Franz
Monjau und mich hat man im Juni 1933 als Teil-
nehmer einer Anti-Hitler-Silvesterfeier 1932 festgenommen — bei einer Haussuchung war ein Foto

gefunden worden. Ich trug darauf einen mit einem Hakenkreuz und einer Anti-Hitler-Parole geschmückten Hut. Wir kamen zwar wieder frei, aber Franz Monjau durfte das Gymnasium an der Rethelstraße in Düsseldorf, in dem er das zweite Referendarjahr absolvierte, nicht mehr betreten. Mitten im Assessorexamen wurde er – trotz Fürsprache der Professoren für ihren begabtesten Examenskandidaten – aus dem Staatsdienst entlassen.

Julo Levin und Franz Monjau konnten natürlich nicht Mitglieder der Reichskulturkammer werden – das bedeutete für sie: Mal- und Ausstellungsverbot. Franz Monjau hatte zusätzlich Unterrichtsverbot. Mein Unterrichtsschein als Gymnastiklehrerin wurde nicht erneuert, weil ich ›nichtarisch versippt‹ war.

Es begann eine Zeit der Isolation, Improvisation und großer Armut. Franz Monjau zog sich vollkommen zurück, um keine Fragen beantworten zu müssen, und ging besonders Kollegen aus dem Wege. Bis auf wenige Ausnahmen hatten wir nur jüdische Freunde.

Entgegen dem behördlichen Verbot gab Franz Monjau einigen jüdischen Schülern Nachhilfeunterricht in Sprachen und Mathematik. Es ergab sich, daß der Vater eines dieser Schüler Besitzer einer großen Holzfirma war. Er beschäftigte sich mit Auswanderungsmöglichkeiten und richtete für seinen älteren Sohn, der nicht mehr studieren durfte, in seiner Garage eine kleine Schreinerwerkstatt ein. Dort konnte Franz Monjau seine Kenntnisse als Werklehrer an den Sohn und an Julo Levin, der dazu kam, weitergeben. Außerdem verbrachten Julo Levin, Franz Monjau und ich jeden Mittwochabend in der schönen Villa dieser Familie. Das bedeutete interessanten Gedankenaustausch, aber auch, daß wir uns richtig satt essen und nacheinander die Badewanne benutzen konnten.

Julo Levin, der klar erkannte, daß in Zukunft nur jüdische Arbeiter und Handwerker eine gewisse Chance haben würden, unbehelligt zu bleiben, entschloß sich, neben seiner Zwangsarbeit als Straßen- und Friedhofsarbeiter abends und an den Wochenenden bei einem ihm wohlgesonnenen ›arischen‹ Schreinermeister in die Lehre zu gehen.

1936 bot sich ihm die Gelegenheit, als Zeichenlehrer an der neu gegründeten jüdischen Schule in Düsseldorf zu unterrichten. Zu Kindern hatte Julo Levin schon immer eine sehr enge Verbindung.

In den kommenden zwei Jahren vertiefte sich auch die Freundschaft zwischen Julo Levin und Franz Monjau. Sie hatten lange Gespräche über die Art des Unterrichts, und Franz Monjau, der verhinderte Kunsterzieher, war in seinem Element. Er, dessen Kunstvorträge während der Referendarzeit im Gymnasium auch Lehrerkollegen angelockt hatten, arbeitete jetzt mit Julo Levin dessen Vorträge für den Unterricht aus und bedauerte sehr, daß er an den Stunden nicht selbst teilnehmen konnte. Beide Maler lebten auf und hatten große Freude an den Schülerzeichnungen, die bei uns überall ausgebreitet waren. Sie konnten stundenlang darüber diskutieren. Alles spielte sich in dem einen Zimmer ab, in dem Franz Monjau und ich hausten.

1936 hatte Levin die Gelegenheit, sich mit einigen Bildern an einer Ausstellung des Jüdischen Kulturbundes in Berlin zu beteiligen. Max Osborn schrieb darüber: »Er gehört zu den leidenschaftlich Suchenden und zugleich zu den geborenen Malern, die mit der Farbe beherzt umgehen dürfen, weil sie ihr natürliches Ausdrucksmittel ist. Er ist außerdem ein Mann von Phantasie, dem sich jeder Wirklichkeitsausschnitt sofort in eine malerische Vision überträgt. Im ganzen aber hat man das befreiende Gefühl, eine ausgesprochene, kräftige Persönlichkeit vor sich zu haben, eine ursprüngliche Begabung, die schöpferische Originalität in sich hat und etwas riskiert . . .« Dies war die letzte öffentliche Anerkennung als Künstler, die Levin, der ja als ›entarteter‹ Maler galt, erleben durfte.

Ostern 1938 wurde ihm an zwei Berliner Schulen (Kaliski-Schule und Holdheim-Schule) – durch Vermittlung seiner Schwester Else – die Stelle eines Zeichenlehrers angeboten, und dort unterrichtete er bis zur Auflösung der beiden Schulen. Auch aus dieser dreijährigen Tätigkeit haben sich Hunderte von Schülerzeichnungen erhalten. Sie zeigen wiederum das große kunstpädagogische Talent von Julo Levin.

Levins Mutter und seine Schwester Else hatten Stettin verlassen und waren zu Verwandten nach Berlin gezogen. Damals hielt man Berlin noch für eine Zufluchtsstätte. Am 9. November 1938 brannten die Synagogen, wurden jüdische Geschäfte geplündert, Juden mißhandelt und verhaftet. Levin aber blieb unbehelligt. Er hatte den Abend bei Freunden verbracht und ging – trotz aller Bitten, zu bleiben – gegen 11 Uhr abends durch die Stadt zu seiner Wohnung. Er wollte Zeuge des Geschehens sein.

Else Levin war am nächsten Morgen zur Auswanderung entschlossen. Am 25. Mai 1939 verließ sie Deutschland in Richtung England. Von Julo hatte sie eine Reihe von Schülerzeichnungen erbeten, um sie an den englischen Schulen als Beweis seiner erfolgreichen Arbeit mit Kindern vorlegen zu können. Sie bekam auch Kontakt zu zwei Schulen, die Interesse zeigten. Doch es war zu spät – der Krieg brach aus!

Levins Berliner Kollegen wurden nach und nach deportiert. Jetzt kamen Levin seine Kenntnisse im Schreinerhandwerk zugute. Die Jüdische Gemeinde in Berlin brauchte dringend gelernte Arbeiter: Die NS-Behörden hatten allen ehemals jüdischen Besitz wie Krankenhäuser, Schulen, Verwaltungsgebäude beschlagnahmt und dort eigene Institutionen wie SS, Gestapo etc. untergebracht. War aber an diesen Häusern etwas zu reparieren, so betrachtete man plötzlich wieder die Jüdische Gemeinde als Eigentümer und forderte sie auf, die Schäden zu beseitigen. Dann zog Levin mit seinem Handwerkskasten los, etwa um verklemmte Türen, Fenster oder verstopfte Toiletten zu reparieren. Bei Schneefall war die Jüdische Gemeinde verpflichtet, die Straßen vor ihren ehemaligen Häusern schneefrei zu halten. Auch wurden sie zum Reinigen der Gullys verpflichtet.

Manchmal aber wurden Juden auch zu ›gehobener‹ Arbeit angefordert. Sie mußten beispielsweise geraubte Kunstschätze sortieren und katalogisieren oder politische Akten aus Frankreich ordnen. Dann brachte Levin oft einige hastig gegriffene Unterlagen in seiner Rocktasche mit nach Hause – glücklich, vielleicht dem einen oder anderen Franzosen

das Leben gerettet zu haben und unbeeindruckt von der Gefahr für sein eigenes.

Diese letzte Phase – vor Julo Levins Deportation nach Auschwitz – erlebte ich hautnah mit.

Ende 1941 wohnte ich in der Nähe von Berlin in Birkenwerder in einem Erholungsheim. Nach einem Nervenzusammenbruch und einem Aufenthalt in einer Nervenklinik sollte ich mich an einem ruhigeren Ort – ohne die ständigen Bombenangriffe – erholen. Unser Zimmer in Düsseldorf war unbewohnbar geworden, es fehlte eine Außenwand. Die letzten nicht emigrierten Freunde mußten den ›Judenstern‹ tragen und wurden am 10. November 1941 ab Düsseldorfer Schlachthof, wo sie sich mit ihrem Gepäck einzufinden hatten, Richtung Osten deportiert.

Auch in Birkenwerder ließen mich die zunehmende Verfolgung der Juden und speziell das Schicksal Julo Levins und seiner Familie nicht zur Ruhe kommen. Die Deportationsbescheide kamen auch in das Haus Levins. Die Mutter, die ich inzwischen achten und lieben gelernt hatte, mußte als erste fort. Gemeinsam mit Julo Levin verbrachte ich die letzte Nacht an ihrem Bett. Als am anderen Morgen der Lastwagen vor die Haustüre rollte, nahmen wir schweren Abschied. Sie war fünfundsiebzig Jahre alt. Zwei Cousinen, mit denen sie zusammenwohnte, waren noch älter. Sie waren weder physisch noch psychisch der Deportation gewachsen und entschieden sich für den Selbstmord durch Zyankali. Wir haben alles gemeinsam besprochen und dann schmerzlich Abschied genommen.

Julos Mutter hatte ich versprochen, für ihren Sohn zu sorgen. Neun Monate lang war ich mindestens dreimal wöchentlich, oft auch täglich in seiner Wohnung, obwohl es keinen akzeptablen Grund für eine ›arische‹ Frau gab, die Wohnung eines jüdischen Junggesellen aufzusuchen. Ich begann auch, auf Levins jüdische Lebensmittelkarten einzukaufen. Juden durften in Berlin nur zwischen vier und fünf Uhr nachmittags einkaufen, und zu dieser Zeit arbeitete er noch. Meine Einkäufe waren wiederum nur in Geschäften möglich, in denen man dem Verkäufer die Karten heimlich geben konnte. Ich näherte mich Levins Wohnung stets mit größter Vorsicht und in der ständigen Angst, dem Hausmeister in die Arme zu laufen. Oft genug mußte ich in letzter Minute wieder umkehren. Ab und zu begegnete ich ihm trotz aller Wachsamkeit. Er forderte für sein Schweigen einen Anzug Levins nach dem anderen, ein Möbelstück nach dem anderen mit der Bemerkung »Kriegt ja sonst doch alles die Gestapo!«

Waren wir abends zusammen, berichtete Levin von den Ereignissen des Tages. Pausenlos gingen die Güterzüge mit Menschenfracht vom Bahnhof Putlitzstraße Richtung Osten ab. Kamen die Waggons leer zurück, mußten sie von Blut und Kot gereinigt werden — eine der letzten Zwangsarbeiten Julo Levins. Ende Februar 1943 standen vor den Fabriktoren die Lastwagen, und die jüdischen Arbeiterinnen und Arbeiter wurden so wie sie waren zum Abtransport eingeladen. Levin versuchte noch, die zu Hause wartenden Kinder mit ihren Eltern zusammenzuführen. Einen ganzen Tag lief er mit zwei Säuglingen auf den Armen den Zug entlang, bis er am Abend deren Mütter gefunden hatte. Es gab Viehwaggons, die vollgepfercht mit kleinen, elternlosen Kindern aus Kinderheimen waren. Miteingesperrt war ihre Pflegerin. Allen stand nur ein Eimer Wasser und ein leerer Eimer zur Verfügung.

Trotz all der schrecklichen Ereignisse gaben wir die Hoffnung nicht auf, klammerten wir uns an die Möglichkeit des Überlebens. Er war jung, gesund und beherrschte sein Handwerk.

Als Ende Februar 1943 in den Straßen die Jagd auf Juden begann, wartete ich voller Angst in einem dunklen Hausflur bis spät in die Nacht. Meine letzte S-Bahn war längst abgefahren, als endlich Levin, blutig geschlagen, kam. Ich ging mit in die Wohnung, wusch die Kopfwunden, machte Umschläge. Es war das einzige Mal, daß ich nachts in der Wohnung anwesend war, und prompt hörten wir morgens schwere Stiefel auf der Treppe und danach wildes Klopfen an der Türe. Wir öffneten nicht, und nach einiger Zeit herrschte wieder Ruhe. Später verließ ich das Haus, darauf gefaßt, einer Wache vor dem Haustor zu begegnen. Aber es war niemand da. Levin, der die Wohnung nach mir verließ, entdeckte, daß die Wohnung versiegelt worden war und daß wir das Siegel beschädigt hatten. Er klebte es wieder zusammen und begab sich zur Jüdischen Gemeinde. Dort bekam er eine Armbinde, die ihn als Arbeiter der Jüdischen Gemeinde auswies. Das bedeutete eine weitere Galgenfrist.

Am Abend des 7. Mai polterten erneut schwere Stiefel die Treppe herauf, und wieder begann das wüste Hämmern an der Türe. Wir waren erstarrt und öffneten nicht. Diesmal aber gingen sie zum Hausmeister, der einen Schlüssel besaß und die Türe öffnete. Es hagelte Schläge, erst recht, als man mich entdeckte — eine ›arische‹ Frau. Levin und ich wurden in das Transportsammellager in der Großen Hamburger Straße gebracht. Der große Raum war voll Menschen, ich als einzige ohne den gelben Stern. Merkwürdigerweise hatte man mich nicht von Julo getrennt, obwohl wir vorher schon auf einem Polizeirevier vernommen worden waren. Als alle Juden ihre Transportnummer erhalten hatten, versuchte ich, alles auf eine Karte zu setzen und verlangte eine Unterredung mit dem obersten SS-Lagerleiter. Ich wurde vorgeführt. Der Mann war betrunken und beschimpfte mich wie üblich als ›arische Sau‹. Eine junge Frau bedrängte ihn, doch endlich mit ihr wegzugehen. Auch ein junger SS-Mann redete ihm zu, er werde das hier schon erledigen. Es gelang mir, den jungen Mann von meiner zufälligen Anwesenheit in der Wohnung des Freundes meines Mannes zu überzeugen. Mein Mann sei Halbjude und ich also sowieso ›nichtarisch-versippt‹. Er prüfte telefonisch die Richtigkeit meines Ausweises und meiner polizeilichen Anmeldung und ließ mich wahrhaftig gehen. Als ich herausgeführt wurde, stand Julo Levin an der Treppe, strahlend vor Freude und wie erlöst. Wie oft hatte er meine Hilfe abweisen wollen, weil er glaubte, die Verantwortung nicht übernehmen zu können. Ich antwortete dann nur, daß ich die Verantwortung für mich selbst übernähme.

Franz Monjau kam mit dem nächsten Zug nach Berlin, um mir beizustehen. Wir konnten nicht glauben, daß ich der Gestapo wirklich entkommen war. Aber es geschah nichts weiter. Statt dessen gelang es

21 *KZ Auschwitz* (Foto: Bildarchiv Preußischer Kulturbesitz)

uns, über die Jüdische Gemeinde Julo Kassiber zukommen zu lassen. Er schrieb uns noch an Deckadressen, herausgeschmuggelte Nachrichten und zwei Abschiedsbriefe. Zuletzt schickte er mir noch seinen Füllfederhalter und einen Zwanzig-Mark-Schein, für den er wohl keine Verwendung mehr zu haben glaubte.

Am 17. Mai – zehn Tage nach der Verhaftung – ging der Transport nach Auschwitz. Auf der S-Bahn-Strecke zwischen Putlitzstraße und Wedding konnte man beobachten, wie die Menschen in die Viehwagen getrieben wurden. Ich konnte Julo Levin noch von weitem erkennen, er war bis zuletzt der Helfer für Alte, Gebrechliche und Mütter mit Kindern. Ein Waggon nach dem anderen wurde verriegelt, und zum Schluß standen nur noch die Wachposten mit geschultertem Gewehr auf dem Bahnsteig. Da erst gab ich mein Hin- und Herfahren zwischen den beiden Stationen auf.

Nach 1945 erfuhr ich bei der Jüdischen Gemeinde in Berlin, daß von diesem Transport niemand zurückgekommen sei.

Nach Levins Deportation entdeckte ich eines Tages auf dem Stettiner Bahnhof einen ganz normalen Zug, der als Reiseziel ›Auschwitz‹ anzeigte. Ich stellte fest, daß man eine gewöhnliche Fahrkarte dorthin lösen konnte! Nach Rücksprache mit Franz Monjau war mein Entschluß gefaßt. Von Freunden bekam ich die Adresse eines SS-Mannes dort, der seit einiger Zeit gegen Bezahlung Kontakte zwischen einem Häftling und dessen Schwester in Düsseldorf ermöglichte. Unsere törichte Hoffnung war, vielleicht durch ihn etwas über Julo Levin zu erfahren. Ich schrieb ihm unter dem Vorwand, mit ihm über den Bruder meiner Freundin sprechen zu wollen. Ein Termin wurde vereinbart, und ich fuhr nach Auschwitz. Schon bevor der Zug den Bahnhof erreichte, sah ich Kolonnen von ausgemergelten Gestalten, die die Felder bestellten. Im Ort selbst fielen mir immer wieder Häftlinge auf, die — Pferden gleich — schwer beladene Wagen zogen, von einem großen, kräftigen SS-Mann bewacht und angetrieben. Ich sah in jeder Gestalt, in jedem Gesicht den Häftling Julo Levin.

Mit einem Bus fuhr ich in Richtung Birkenau, sah die Stacheldrahtverhaue mit den Wachtürmen, die Baracken drinnen und auch die draußen, die die Firmenschilder der bekanntesten Großkonzerne, die sich hier billiger Arbeitskräfte bedienten, trugen.

Beim Betreten des Lagers — natürlich nur die Gebäude der SS-Wachmannschaft — traf ich meinen Mittelsmann. Er gab sich leutselig, beschönigte die wirkliche Lage der Häftlinge, bedauerte, daß es Sonnabend sei und die Betriebe deshalb nicht arbeiteten. Sonst hätte er mich dorthin geführt, und ich hätte mit dem Bruder meiner Freundin selbst sprechen können. Solches Gerede mußte ich mir anhören und auch noch mein Pech bedauern, daß ich unüberlegt an einem Sonnabend gekommen sei. Lange Zeit sprachen wir über Allgemeines, ich kämpfte mit mir, ob ich ihm überhaupt den Namen Julo Levin nennen sollte. Würde ich Julo dadurch schaden? Ja, lebte er überhaupt noch? Schließlich fragte ich doch nach ihm. Der SS-Mann kannte ihn nicht — wie sollte er auch? Er versprach, sich zu erkundigen.

Mein Zug ging erst nachts, und so lief ich durch Auschwitz. Mit einem Soldaten fuhr ich auf dessen Panjewägelchen um ein Außenlager herum. Er klagte sein Leid über das, was er mitansehen mußte.

Am Abend traf ich im Kasino der Lager-SS noch einmal meinen Kontaktmann. Doch das Gespräch blieb belanglos. Die Stimmung dort — Orchestermusik und sich betrinkende Männer — war unheimlich, gespenstisch, nahm mir den Atem. Die Wände waren mit Fresken bemalt, lebensgroßen Gestalten aus der ›Minnesängerzeit‹. Mir wurde erklärt, daß man ja genug Maler im Lager hätte. Ich verließ fluchtartig den Raum und eilte zum Bahnhof.

Jetzt wurde ich mir aber auch über die Bedeutung des normalen Zugverkehrs nach Auschwitz bewußt. Schließlich mußten die Ingenieure, Betriebsleiter, Vorarbeiter und Angestellten all der Firmen, deren Namensschilder an den Verwaltungsgebäuden für jedermann sichtbar prangten, Fahrmöglichkeiten nach und von Auschwitz haben.

Gehören sie heute auch zu denen, »die nichts gewußt haben«?

Obwohl auch wir ahnten, welche Hölle Auschwitz bedeutete, übertraf die Realität jede menschliche Vorstellung.

Auf der Rückfahrt von Auschwitz hörte ich die Nachricht von der Invasion der Alliierten in der Normandie. Erneute Hoffnung, daß der Nazi-Spuk nun bald ein Ende hätte.

Monjaus Mutter war inzwischen schon einige Zeit in Theresienstadt. Auf einer vorgedruckten ›Dankeskarte‹ für meine Briefe und Pakete hatte sie gekritzelt: »Deine Freundin ist bei meinem lieben Max.« Max war mein Schwiegervater und schon lange verstorben. So erfuhren wir, daß Julo Levins Mutter bereits tot war.

Von September 1944 an wurden auch die sogenannten ›Privilegierten‹, also Eheleute aus Mischehen und ›Mischlinge‹, festgenommen und deportiert. Franz Monjau war untergetaucht, wurde denunziert, am 10. Oktober 1944 verhaftet und in das Gestapogefängnis nach Ratingen bei Düsseldorf gebracht. Ich kam sofort aus Berlin und ging zur Gestapo, zu dem in Düsseldorf gefürchteten Herrn Hamacher. Er empfing mich mit Beschimpfungen: »Für diesen Juden kommen Sie aus Berlin? Wir dachten, Sie sind uns dankbar, daß wir Sie von ihm befreien.«

Ich konnte mit Franz Monjau reden und versprach alles zu tun, was in meinen Kräften stand. Aber in Berlin, wo Franz Monjaus Akten inzwischen sein sollten, verwies mich eine SS-Stelle an die nächst höhere SS- oder Gestapo-Stelle. Stets drückte man sein Befremden darüber aus, daß ich mich als ›arische‹ Frau für einen solchen Untermenschen einsetze. Erreicht habe ich weder in der Kurfürstenstraße noch in der Prinz-Albrecht-Straße, der höchsten Stelle, etwas. Zuletzt hieß es, die Papiere seien in Prag, und dort würde darüber entschieden. Man fügte höhnisch hinzu: »Der Mann will doch gar nichts von Ihnen wissen, sonst würde er Ihnen doch schreiben.« Auch noch Hohn!

Aus dem Gefängnis in Ratingen hatte ich bereits einige herausgeschmuggelte Briefe meines Mannes erhalten. Bei meinem letzten Besuch in der Prinz-Albrecht-Straße wußte ich bereits, daß Franz in Buchenwald war, aber das durfte ich nicht erwähnen.

Ein Zettel mit den Worten »Ich bin in Buchenwald/Weimar«, abgestempelt in Weimar am 16. 1. 1945, war sein letztes Lebenszeichen. – Wie ich hinterher erfuhr, war er fünf Wochen später bereits tot – fünf Wochen bevor die Amerikaner das Lager befreiten. Am 28. 2. 1945 wurde er in das Totenbuch in Buchenwald eingetragen.

Immer wieder werde ich gefragt, warum Julo Levin nicht ausgewandert sei. Alle Versuche, ihn dazu zu bewegen, waren vergeblich. Anderen riet er zur Auswanderung und half ihnen bei den Vorbereitungen. Für sich aber lehnte er eine Flucht kategorisch ab und sagte: »Hier bin ich hingestellt, hier muß ich mein Werk tun. Es ist mein Gewissen, dem ich folgen muß.«

1942, nach der Deportation seiner Mutter, versuchte ich noch einmal, ihn zu überreden. Der Maler Otto Pankok, mit dem Levin eng befreundet war, wollte ihn in seinem Haus verstecken. Mühsam hatte ich endlich alle Bedenken Julos, er würde das Ehepaar Pankok, dessen Tochter Eva und mich in Gefahr bringen, zerstreut, da kam ein Telegramm, daß das Haus der Pankoks von Bomben getroffen worden sei und die Familie selbst Unterschlupf suchen mußte. Levin war wie von einem Alpdruck befreit: »Siehst du, es soll nicht sein.«

Ein Versuch, ihn in Bayern untertauchen zu lassen, scheiterte an Levins Verantwortungsgefühl: »Ich kann nicht andere Menschen in Gefahr bringen, um mich zu retten.« Diesmal waren der Maler Peter Ludwigs und mein Mann, Franz Monjau, aus Düsseldorf nach Berlin gekommen, um Levin umzustimmen. Das Ergebnis der Besprechungen war nur, daß Levin jetzt für andere »Illegale« falsche Papiere und Ausweise anfertigte. Den Kontakt zu der Berliner Widerstandsgruppe hatte Peter Ludwigs hergestellt.

Am 5. 2. 1943 wurden 135 Personen der Düsseldorfer Widerstandsgruppe »Niederrhein« verhaftet, darunter Peter Ludwigs. Man entdeckte die Beziehungen zur Berliner Gruppe. Wir wurden informiert und erwarteten täglich Julos Verhaftung. Aber die Berliner Kameraden hatten wohl seinen Namen verschwiegen. Am 2. 7. 1943 starb Peter Ludwigs im Gefängnis. Inzwischen war Julo Levin bereits in Auschwitz, und unsere Wohnung in Düsseldorf ging mit den meisten Bildern von Franz Monjau Pfingsten 1943 in Flammen auf.

Rettung der Bilder Julo Levins

Während der neun Monate, in denen ich Levin betreute, versuchte ich, seine Bilder in Sicherheit zu bringen. Blatt für Blatt sahen wir Ölbilder, Aquarelle und Graphiken durch, und Levin bestimmte die Reihenfolge ihrer Rettung. Ich lernte, wie man Ölbilder aus dem Keilrahmen entfernt, sie fachgerecht rollt und verpackt. Dies war in den letzten Monaten allein meine Aufgabe, denn Julo Levin mußte inzwischen selbst am Sonntag arbeiten. Deshalb bekam ich den Schlüssel und schlich mich allein in die Wohnung.

Bei Nacht verließ ich das Haus wieder, bepackt mit Rollen oder Mappen, aber auch mit den großen, steifen Pappen, die Levin oft für seine Ölbilder verwendete. Das Wegschaffen der Bilder war gefährlich, denn es war Juden seit langem verboten, ihren Besitz zu verkaufen oder zu verschenken. Aber Levin sollte wenigstens einen Teil seiner Bilder wiederfinden, wenn er überlebte. In der Wohnung der Mutter füllte ich zwei große Umzugskisten. In Matratzen verpackte ich Levins Lieblingsbilder, hinzu kamen Bettzeug, Wäsche, Kleidung, Schuhe, selbst ein Spirituskocher und das nötigste Geschirr, damit er einen Kaffee oder eine Suppe kochen konnte, außerdem ein winziges Tischchen und Bänkchen, beides Schreinerarbeiten von Levin. Mit diesen Sachen sollte er ein neues Leben beginnen können. Sogar Leinwand, Papier und Farben waren in den Kisten. Ich ließ sie unter meinem Namen vom Spediteur abholen und aufbewahren. Aber 1945 verbrannte alles.

Die anderen Bilder brachte ich zu Freunden nach Thüringen, zu Fischern an die Ostsee und zu anderen Freunden. Nicht alle Arbeiten haben den Zusammenbruch des Dritten Reiches überdauert. Die Fischer an der Ostsee hatten meinen Besitz in der Scheune tief unter dem Stroh versteckt und große Angst ausgestanden, als die Russen die Strohballen mit dem Bajonett nach Waffen untersuchten. Alles ging jedoch gut, nur die Mäuse hatten sich durch einen Koffer ein Loch gefressen, ohne aber großen Schaden anzurichten. Anderswo war eine Mappe mit den besten Aquarellen bei einem Bombenangriff verbrannt. Aber vieles war gerettet.

Als ich begriff, daß ich mit diesen Bildern allein geblieben war, entschloß ich mich, alles zu tun, um das künstlerische Erbe der Malerfreunde Levin und Monjau zu bewahren. In den Jahren zwischen 1946 und 1987 wurden die Arbeiten der beiden Künstler in vielen Ausstellungen gezeigt. Von Julo Levin waren 1964 auch in Israel in vier Museen Aquarelle zu sehen, zuerst in Jerusalem — noch im alten Israel-Museum, dann in Lohamei-Hageta'ot und in den beiden Kibbuzim Hazorea und Dalia.

Die Rettung der Schülerzeichnungen war Julo Levin aber ebenso wichtig wie die seiner eigenen Bilder. Er liebte jedes Blatt.

Erst in den Sommerferien 1938, er unterrichtete bereits seit April an den beiden Berliner Schulen, hatte Levin sein Atelier in Düsseldorf auflösen können. Franz Monjau und ich halfen ihm dabei. Die

von ihm sorgfältig gesammelten Kinder- und Schülerzeichnungen — es waren Hunderte — wurden genauso liebevoll verpackt wie seine eigenen Arbeiten. Als der Spediteur die fünfundsechzig Pakete, Kisten und Möbelstücke abgeholt hatte und wir in dem leeren Atelier standen, waren wir alle sehr traurig.

Auch die Berliner Schülerzeichnungen hat Levin sorgfältig bewahrt — wieder waren es Hunderte.

So überlebten die vielleicht letzten Aussagen der Kinder vor ihrer Flucht, Auswanderung oder Deportation in den Tod.

Später, nach Kriegsende, konnte ich — mit Sondererlaubnis der höchsten sowjetischen Kulturinstanz — mit den Rollen, Mappen und Kartons nach und nach die Grenze zwischen den Zonen der östlichen Besatzungsmacht und der westlichen Besatzungsmächte überschreiten. Der erste offizielle Rücktransport war für die Ausstellung ›Lebendiges Erbe‹ 1946 im Düsseldorfer Kunstmuseum bestimmt. Der treue Bilderrahmer Fritz Figge in Düsseldorf hatte alle dort ausgestellten und im Katalog aufgeführten Werke von Julo Levin und Franz Monjau neu gerahmt.

Aber auch die Kinderzeichnungen waren in einer kleinen Ausstellung, veranstaltet vom Kulturbund, in Düsseldorf und einigen Nachbarstädten zu sehen. Danach — bis etwa 1980 — interessierte sich niemand mehr dafür. Wieland Koenig, inzwischen Direktor des Stadtmuseums in Düsseldorf, sah seine wichtigste Aufgabe darin, die von 1933 bis 1945 — sei es aus politischen oder aus rassischen Gründen — verbotenen und verfolgten Künstler Düsseldorfs durch Ausstellungen der Vergessenheit zu entreißen. Einzelausstellungen erinnerten an Peter Ludwigs, Franz Monjau und Julo Levin, drei Künstler, die während der Schreckenszeit den Tod fanden. Aber auch den Überlebenden des Freundeskreises, den Malern Will Küpper, Otto Pankok, Mathias Barz, Karl Schwesig und Carl Lauterbach wurden Ausstellungen gewidmet, nicht zu vergessen Trude Brück, die ehemals einzige Frau des ›Jungen Rheinland‹ und des Kreises um ›Mutter Ey‹. Trude Brück half später, als sie schon in Saarbrücken wohnte, dem Malerfreund Gert Wollheim bei seiner Flucht nach Frankreich.

Bei den Vorbesprechungen für die Ausstellung der Werke Julo Levins zu seinem 80. Geburtstag am 5. September 1981 erwähnte ich auch die Kinder- und Schülerzeichnungen aus den jüdischen Schulen. Wieland Koenigs Interesse war sofort geweckt, und er plante zukünftige Ausstellungen.

Über die Julo-Levin-Retrospektive und über den entschiedenen Einsatz Wieland Koenigs für die verfolgten Künstler wurde auch in der Zeitung ›The New York Herald Tribune‹ ausführlich berichtet. In dem Interview gab Koenig auch seinen Plan, die Schülerzeichnungen später auszustellen, bekannt.

An meinem 80. Geburtstag am 21. 11. 1983 übergab ich die Zeichnungen aus Düsseldorf und Beispiele aus der Berliner Zeit Wieland Koenig als Geschenk für das Düsseldorfer Stadtmuseum — insgesamt über 750 Blätter.

Die Stadt Düsseldorf ist die Patenstadt von Haifa. Bei der Eröffnung des Heinrich-Heine-Hauses, das von der Stadt Düsseldorf als Geschenk in Haifa erbaut wurde, wurden erstmals eine Reihe der Zeichnungen dort ausgestellt. Ich war bei der Eröffnung in Haifa dabei. Viele ehemalige Düsseldorfer waren erschüttert, die Zeichnungen zu sehen, die vor etwa fünfzig Jahren geschaffen worden waren, und ich wurde mit vielen Fragen bestürmt, auch was aus dem Lehrer Julo Levin geworden sei. Eine Israelin, Dora Moritz, jetzt Dvora Diskin aus Atlit, fand Zeichnungen ihrer Schwester an der Wand.

Seit einiger Zeit ist jedes Jahr eine Gruppe ehemaliger Düsseldorfer Mitbürger, die von den Nationalsozialisten als Juden verfolgt wurden, Gast der Stadt Düsseldorf. So begegnete ich vor zwei Jahren der Israelin aus Haifa wieder. Sie erzählte mir ihre Erinnerungen an Julo Levin: Bereits als Kind hatte sie den jüdischen Kindergarten in Düsseldorf in der Grafenberger Allee besucht. Eine der Kindergärtnerinnen war Hilde Stiehl, eine gute Freundin von Julo Levin. Er kam oft zu ihr und nutzte die Gelegenheit, mit den Kindern zu zeichnen und zu malen. Meine Israelin hatte damals — als Kindergartenkind —

bereits einen guten Kontakt zu Julo Levin, freute sich über seine Besuche und malte Bilder für ihn. Als sie später auf eine christliche Schule ging, kam sie mit ihren Kinderproblemen zu Julo in sein Atelier. Levin gab ihr Buntstifte und Papier, und sie konnte die schönsten Träume, aber auch ihre Probleme zeichnen.

Als sie später aufgrund der Nürnberger Gesetze in die jüdische Schule kam, war sie glücklich, dort Julo Levin als Zeichenlehrer zu haben. Sie erzählte auch, daß sie nicht das einzige Kind war, das zu Julo Levin in das Atelier kam. Es stand jedem Kind offen.

Sie hat ihn sehr verehrt und nie vergessen, das war bereits mein Eindruck in Israel gewesen, als sie spontan ihre Wiedersehensfreude mit den Kinderzeichnungen und ihre Erlebnisse mit Julo Levin hervorsprudelte. Sie war 1938 nach Israel gegangen und lebt heute in einem Kibbuz.

Die zweite überraschende Begegnung mit einer Israelin fand 1986 in Düsseldorf statt. Als sie, Marianne Redlich aus Bustan, ihren Mädchennamen, Marianne Löw, nannte, konnte ich es kaum fassen. Ich besaß ein Porträtfoto von Julo Levin, signiert von ›Marianne Löw‹! Und dieses Foto hatte ich in mehreren Katalogen vergangener Ausstellungen abbilden lassen. Sie hatte mit neunzehn oder zwanzig Jahren als Vorbereitung für die Auswanderung fotografieren gelernt. Julo Levin ließ sich von ihr in seinem Atelier ablichten, und er lud Freunde ein, die auch von ihr fotografiert werden wollten. Sie wußte, daß er an der jüdischen Schule als Zeichenlehrer arbeitete und bei den Kindern sehr beliebt war. Sie selbst empfand ihn als vornehmen Charakter, ruhig und ausgeglichen. Sie war von seinen künstlerischen Arbeiten sehr begeistert und berichtete von interessanten Gesprächen über Kunst.

Von einem anderen Israeli erfuhr ich, daß die Schule auch eine kleine Schreinerwerkstatt eingerichtet hatte, wo Levin die Anfangsgründe des Schreinerhandwerks weitergeben konnte. Dieser ›Ehemalige‹ erzählte mir, daß er große Hemmungen hatte, etwas zu zeichnen oder zu malen. Aber Julo Levin habe ihn sehr ermuntert, habe auch seine Arbeiten aufgehängt, was ihn seine Hemmungen überwinden half. Es habe keine Distanz in dem Verhältnis Lehrer – Schüler gegeben, sie hätten sich später sogar geduzt.

Ein ehemaliger Schüler, der heute in Los Angeles lebt, berichtete, daß Julo Levin ihn zum Wilhelm-Marx-Haus schickte, damit er dieses zeichne. Das Wilhelm-Marx-Haus gilt als das erste Hochhaus in Düsseldorf. Es steht in der Nähe der Kasernenstraße und war von der Schule aus schnell zu erreichen. Es wäre sehr schön, wenn wir durch die Ausstellung noch weiteren ehemaligen Schülern und Freunden Julo Levins wiederbegegnen würden.

Bei allen, die ich getroffen habe, war die große Verehrung und Liebe zu ihrem ehemaligen Lehrer und Freund spürbar. Ich begegnete auch Menschen, die als Kinder Julo Levin im Kreis ihrer Familie kennengelernt hatten. Sie berichteten davon, wie Levin Anteil an ihren Spielen und Erzählungen nahm, wie er ihr Herz und ihr Vertrauen gewann. Eines dieser Kinder, heute Professorin an einer Musikhochschule, hatte sogar einen Spitznamen für ihn – ›vinus tintus‹. Ihre Eltern, beide Musiker, gehörten zu dem großen Freundeskreis von Dr. Margarethe Brandenstein-Zaudy, einer Mäzenin, Förderin und mütterlichen Freundin Julo Levins. Sie unterhielt in Wesel und in Bad Oeynhausen ein angesehenes künstlerisches Ausstattungshaus und vermittelte Levin manchen Auftrag für Dekorations- und Glasfensterentwürfe. So auch für ein Glasfenster im Hause der bekannten Musikerfamilie Busch, die – wie Rudolf Serkin – zum Freundeskreis gehörte. Alle Versuche – unter anderem bei der Gebrüder-Busch-Gesellschaft – festzustellen, ob das Glasfenster und die Wandmalereien, die durch Fotos bekannt sind, das Hitler-Reich und die Bombenzeit überlebt haben, waren bisher vergeblich.

Levin hat etwa zehn Jahre lang im Auftrag des Hauses Brandenstein Entwürfe für Dekorationen, Textilien, Einladungen und Drucksachen angefertigt. Er war ein enger Freund der Familie, zu der auch zwei kleine Mädchen gehörten.

Ein letztes Mal besuchte er die Familie Ende Juli, Anfang August 1938. Franz Monjau und ich hatten an diesen drei Tagen großen Anteil. Wir paddelten mit dem Boot rheinabwärts und lagerten mit dem Zelt unterhalb der Stadt Wesel. Levin schlief bei Brandensteins. Morgens paddelte Franz Monjau stromauf, und Julo stieg an verabredeter Stelle ins Boot, und beide kamen mit Hallo zurück. Wir hatten dann den ganzen Tag für uns. Schwimmen, Erzählen und Berichten bis zum Spätnachmittag. Dann begleitete ich Levin zu Fuß bis kurz vor Wesel. Im Zelt zu übernachten wäre für ihn, wegen möglicher Polizeikontrollen, zu gefährlich gewesen. So hatten wir ein einziges Mal – drei Tage lang – dieses Geschenk, gemeinsam in der Natur zu sein.

Frau Brandenstein starb später, die Mädchen wanderten aus. Zwei gerettete Briefe, die Levin in Marseille erhielt, vermitteln ein Bild von dieser wunderbaren Frau und ihrem freundschaftlichen Engagement.

Auch in Mönchengladbach hatte Levin gute Freunde. Die Inhaberin einer großen Buchhandlung hatte 1933/34 in ihrem Laden eine Ausstellung von – vorsichtshalber unsignierten – Bildern Julos arrangiert, um ihm finanziell zu helfen. Der Zufall wollte es, daß ich vor einigen Jahren im Kunsthaus Lempertz in Köln ein Bild Levins ersteigern konnte. Ich wollte nicht, daß es in unbekannte Hände kam. Von dem Verkäufer erfuhr ich, daß seine Mutter ebenfalls eine Freundin Julo Levins gewesen sei und dieses Bild während der Ausstellung in der Buchhandlung in Mönchengladbach gekauft habe.

Wo immer ich mit Freunden von Julo Levin zusammentraf, war die große Zuneigung, Verehrung und Verbundenheit spürbar. Künstlerkollegen, die sich zum Nationalsozialismus bekannten, verstummten, wenn von Levin die Rede war, und räumten ihm eine Sonderstellung ein – mit dem so oft gehörten Spruch: »Ja, wenn alle Juden so wie er gewesen wären!«

Julo Levin war ein ungewöhnlicher Mensch. Trotz großer Bescheidenheit und eigener Schüchternheit konnte er die Herzen seiner Mitmenschen gewinnen. Auch einfache Menschen schienen sich in seiner Gegenwart sicherer zu fühlen und gingen aus sich heraus. Es war wohl das tiefe menschliche Interesse und die Anteilnahme, die er den anderen entgegenbrachte.

Bis zum Schluß interessierte er sich brennend für politische Ereignisse, besonders für den Fortgang des Kriegsgeschehens, für die Kämpfe um Stalingrad und den Rückzug. In Zeitungsberichten suchte er zwischen den Zeilen nach dem wahren Sachverhalt und nach einem Hoffnungsschimmer, selbst wenn es für ihn dann zu spät sein sollte.

Es lag ihm viel daran, wichtige Nachrichten, beispielsweise eine Radiomeldung aus London, mündlich oder auch an ›Unbekannt‹ auf einen Zettel geschrieben weiterzugeben. In einem Umschlag warf ich diese dann in den einen oder anderen Briefkasten. Es war ihm wichtig, bei den fast täglichen Abschieden von Freunden und Bekannten noch letzte Hilfsdienste zu leisten und Nachrichten an andere Familienmitglieder zu überbringen oder auch nur zu trösten, wenn es da etwas zu trösten gab.

Ich hatte keine Möglichkeit, ihn in meiner Pension zu verstecken. Unser Luftschutzwart, ein strammer Nazi, untersuchte laufend die Häuser vom Keller bis zum Speicher und hatte bereits ein Ehepaar aus unserer Mitte denunziert. Aber Julo Levin hätte ein solches Angebot auch gar nicht angenommen, es wäre ihm unmöglich gewesen, sich in Sicherheit zu bringen und dadurch andere zu gefährden.

Ein Selbstmord war für Levin ebenfalls indiskutabel. Auch seine Mutter hatte vor ihrer Deportation die beiden Cousinen beschworen, ihren Plan nicht auszuführen. Beide waren aber fest entschlossen. Es hat mich viele Überredungskünste und Argumente gekostet, bis Julo den Entschluß der beiden Frauen akzeptieren konnte und Abschied nahm.

Unter einem Abschiedsbrief Levins aus der Großen Hamburger Straße, als Kassiber herausgeschmuggelt, stand als letzter Satz: »Und darauf trinke ich ein Gläschen.« Vor einiger Zeit deutete ein Journalist in Unkenntnis dessen, daß Julo Levin niemals Selbstmord begangen hätte, diesen Satz als einen versteckten Hinweis darauf, daß er nun Gift nehmen würde. Der Satz war aber ein von Julo oft benutzter Ausspruch gewesen, wenn es etwas zu besiegeln − oder zu erhoffen gab. In diesem Sinne habe ich den letzten Gruß verstanden. Auch jetzt hätte er seine Leidensgenossen nicht verlassen, er

ging bewußt mit ihnen seinen letzten Weg. Wie und wann er endete, konnte ich nie erfahren.

Als vor einigen Jahren im Rheinischen Landesmuseum in Bonn eine Ausstellung von Julo Levins Werken stattfand, gab es zugleich ›Kindermalstunden im Museum‹. Zu meinem Erstaunen versammelten sich die Schüler meistens vor den Bildern Levins, obwohl ihnen das ganze Museum offenstand. Sie kopierten vor allem die Selbstbildnisse, aber auch das Porträt seiner Mutter.

Es war mir, als ob noch aus den Bildern seine Anziehungskraft auf Kinder wirkte, fünfzig Jahre nach dem Entstehen der Werke, fünfunddreißig Jahre nach seinem Erlöschen in Auschwitz.

Aber nicht nur Kinder spüren die Kraft von Levins künstlerischem Vermächtnis. Das ›lebendige Erbe‹ wurde bisher in etwa 50 Ausstellungen weitergegeben. An seinem 85. Geburtstag habe ich den Hauptteil seiner Werke der Obhut Dr. Koenigs anvertraut und dem Düsseldorfer Stadtmuseum geschenkt. Dort haben Levins Bilder jetzt einen festen Platz.

Nun wird durch diese Wanderausstellung, für die ich meine Erinnerungen niedergeschrieben habe, das Werk Julo Levins weit über Deutschlands Grenzen bekannt werden, sogar über Europas Grenzen hinaus. Ich bin dafür Sybil Milton sehr dankbar. Ich lernte sie durch Walter Huder, der das Vorwort zu dem Katalog einer Ausstellung über Julo Levin und Franz Monjau (Berlin 1975) schrieb, kennen. Sie bereitete damals ihr Buch ›Art of the Holocaust‹ vor, für das ich dann Beiträge über Julo Levin und Franz Monjau schreiben durfte. Die Verbindung brach nicht ab, und so konnte ich Sybil Milton bei einem Besuch in Düsseldorf mit Wieland Koenig, seiner Arbeit und seinem Einsatz für die von den Nationalsozialisten verfolgten Künstler bekannt machen. Daß aus jener Begegnung der Plan zu dieser großen Ausstellung hervorgehen würde, konnte ich nicht ahnen. Für Julo Levin bin ich sehr dankbar dafür.

Künstler haben ein Privileg: Sie leben in ihren Werken weiter. Auch Julos Wunsch lautete: »Meine Arbeiten sind meine Aussage, eine schweigende Verbundenheit mit Menschen, die alles Trennende ausschließt. Das bleibt und wird nicht weniger.«

Julo Levin und sein Düsseldorfer Freundeskreis

Sybil Milton

Das künstlerische Werk Julo Levins wurde in der Bundesrepublik in mehr als fünfzig Ausstellungen als Bestandteil eines ›lebendigen Erbes‹[1] gefeiert. Diese Würdigung des Ermordeten darf als Beweis für die Erneuerung eines demokratischen Kunstbewußtseins in Deutschland gelten, aber auch als Beispiel für das tragische Schicksal der deutschen Juden. Aus heutiger deutscher Sicht wird Levin vor allem als hilfloses Opfer der nationalsozialistischen Barbarei betrachtet. Man übersieht die ebenso wichtige, aber nicht so ins Auge springende Tatsache seiner jüdischen Selbstbehauptung auf dem Weg in den Abgrund.

Julo Levins mehr oder weniger bewußte Entscheidung, nach 1933 in Deutschland zu bleiben und in der immer kleiner werdenden jüdischen Gemeindewelt zu leben, manifestiert sich am deutlichsten in seiner Rolle als Kunstlehrer an jüdischen Schulen in Düsseldorf und Berlin, in denen er für sich und seine Schüler eine Insel der geistigen Freiheit schuf, eine Zufluchtstätte. Dort entstand nicht nur sein wegen des Malverbots wenig umfangreiches Œuvre, sondern dort zeichneten und malten auch seine Schüler mehr als 1000 Arbeiten, die Levins Freunde Mieke Monjau und Carl Lauterbach für die Nachwelt retteten.

Zwar sind die Forschungen über Levin noch nicht abgeschlossen, doch hat man in Ausstellungen versucht, sein Leben und sein künstlerisches Schaffen mit Hilfe von Zeitzeugen und Dokumenten sorgfältig und so vollständig wie möglich darzustellen. Die noch bestehenden Lücken in Levins Biographie — zum Beispiel wissen wir noch immer nicht das Datum seines Todes in Auschwitz — können möglicherweise niemals geschlossen werden.

Wenn wir Julo Levins Leben betrachten, können wir von drei Abschnitten sprechen: 1. seine Jugend im gesicherten bürgerlichen Milieu, 2. seine ersten Erfolge als Künstler und sein Eintritt in den Freundeskreis des ›Jungen Rheinlands‹ in Düsseldorf während der Weimarer Republik und 3. sein letztes Jahrzehnt unter stetig wachsendem Druck bis hin zur Deportation und Ermordung. Sein Rang als Künstler ist durch die erhalten gebliebenen Darstellungen von Schwarzen, Zigeunern und Angehörigen seiner Familie, durch seine Selbstporträts und durch seine Landschaften gesichert.

Levin hat es abgelehnt, während der NS-Zeit auszuwandern oder sich zu verstecken, obwohl beides ihm als Möglichkeit zur Rettung angeboten wurde. Nachdem er sich entschieden hatte, Deutschland nicht zu verlassen, teilte er das Schicksal aller anderen zurückgebliebenen deutschen Juden. Und so lange, wie es ihm möglich war, wirkte er als Zeichenlehrer im jüdischen Gemeindeleben mit.

Julo (Julius) Levin wurde am 5. September 1901 als jüngstes von drei Kindern in Stettin geboren und von seiner Mutter und seiner Großmutter erzogen. In seiner Heimatstadt besuchte er die Volks- und Mittelschule. Seine das ganze Leben andauernde Sammelleidenschaft zeigte er bereits als Sechsjähriger mit seiner Kollektion von 3000 Stollwerckbildchen aus Schokoladentafeln. Schon als Kind zeichnete er Freunde, Tiere und Landschaften. Die Familie wollte, daß er Kaufmann werde und seine Kunst nur als Liebhaberei betreibe.

»Der Familienrat schlug Julo vor, eine kaufmännische Laufbahn einzuschlagen ... Die Mutter tröstete, daß ihm die Möglichkeit bleibe, sich in der Freizeit nach Belieben dem Malen zu widmen. Das war leichter gesagt als getan. Während der Lehrzeit bei einer wohlbekannten Stettiner Firma fand man Julo im Torweg gegenüber der Jacobi-Kirche, eifrig die Fassade skizzierend. Er hatte eine geschäftliche Besorgung übernommen, war die Wege hin und zurück gerannt, und hatte somit Zeit zum Zeichnen erübrigt. Immer öfter geschah es, daß er die eintretenden Kunden fixierte mit der Absicht, die Typen im Skizzenbuch, das er unter dem Ladentisch verborgen hielt, festzuhalten.«[2]

Abends, nach der Arbeit, besuchte Levin die Kunstgewerbeschule in Stettin, und im April 1919 zog er nach Düsseldorf. Dort wohnte er bei seinem Onkel, dem Kaufmann Max Arnfeld, in der Brehmstraße 26, und studierte an der Essener Kunstgewerbeschule. Im Juli 1919 zog er nach Mülheim an der Ruhr, um näher bei der Schule zu wohnen.[3] Die Kunstgewerbeschule Essen, an der Levin bei Jan Thorn-Prikker, dem Begründer der modernen Glasmalerei, studierte, stand damals im Mittelpunkt der aufblühenden modernen Kunst im Rheinland. Levin folgte 1920 seinem Lehrer Thorn-Prikker nach München, als dieser einen Ruf an die dortige Kunstgewerbeschule erhielt. Im März 1923 ging Thorn-Prikker als Professor an die Kunstakademie Düsseldorf, und Levin kehrte zum Onkel in die Brehmstraße zurück, um an der Akademie zu studieren.[4]

Einer seiner Lehrer, Heinrich Campendonk, war ein ehemaliger Schüler von Thorn-Prikker und ab 1926 dessen Nachfolger als Lehrer für Mosaik, Wand- und Tafelmalerei an der Düsseldorfer Akademie. Levin studierte auch bei Heinrich Nauen, zu dessen Schülern viele der späteren Mitglieder des ›Jungen Rheinlands‹ und der ›Rheinischen Sezession‹ gehörten.[5] In dieser Zeit entstand die tiefe Freundschaft zwischen Levin und anderen Kunstschülern wie Otto Pankok, Franz Monjau, Carl Lauterbach, Peter Ludwigs, Hanna Fonk, Mathias Barz und Carl Moritz Schreiner.

Von 1926 an, nach Beendigung seines Studiums, erhielt Levin erste künstlerische Aufträge. Er entwarf die Dekorationen für das Ausstattungshaus Brandenstein-Zaudy in Wesel, das Glasbild und die Innenausstattung des Zweiggeschäfts von Brandenstein-Zaudy in Bad Oeynhausen, Prospektumschläge der Firma Zaudy, die bemalten Glasfenster des Familienhauses Busch in Bochum und die Entwürfe für zwei Ausstellungsräume der ›Gesolei‹, einer internationalen Ausstellung für ›Gesundheitspflege, sociale Fürsorge und Leibesübungen‹ in Düsseldorf.[6] Die streng vereinfachten geometrischen Linien und Flächen seiner Dekoration bei Zaudy und in der ›Gesolei‹ zeigen den Einfluß des Expressionismus in rheinischem Gewand.

Im Sommer 1926 verbrachten Levin und Pankok einige Wochen ihres Sommerurlaubs in dem niederrheinischen Dorf Crudenburg bei Xanten. Dort versuchten sie sich zum ersten Mal als Kunsterzieher. Else Levin, Julos ältere Schwester, die heute in London lebt, hat uns darüber berichtet (vgl. S. 78).[7]

Levins kurze Lehrtätigkeit in dem Dorf Crudenburg war sein erster Versuch, die Kreativität von Kindern zu erforschen, ein Thema, das auch andere, so Paul Klee, an der Akademie verfolgten. Solche Versuche gehörten zur weitverbreiteten Reformpädagogik der Weimarer Republik. In diesen Jahren erschienen auch zwei Bücher über fortschrittlichen Zeichenunterricht: Philipp Franck, ›Das schaffende Kind‹,[8] und G. F. Hartlaub, ›Der Genius im Kinde‹.[9] Levin, der mit den Francks eng befreundet war, kannte diese Bücher, und wir sind sicher, daß er Mitte der dreißiger Jahre mit Carl Lauterbach und Franz Monjau häufig darüber diskutierte.[10]

1926 reiste Levin zum ersten Mal nach Paris, damals das Zentrum der modernen Kunst. Im Sommer 1931 fuhr er für ein halbes Jahr nach Südfrankreich. Dort begegnete er im Hafen von Marseille Schwarzen, Arabern und Zigeunern, die er porträtierte[11] und über die er in seinen Briefen berichtete.

Damals entstanden das Ölporträt mit dem Titel ›Mein Freund Ibrahim‹ (Abb. 7) und die Aquarelle von Zigeunern. Levins Freund Pankok entdeckte zur selben Zeit Kultur und Leben der Zigeuner in

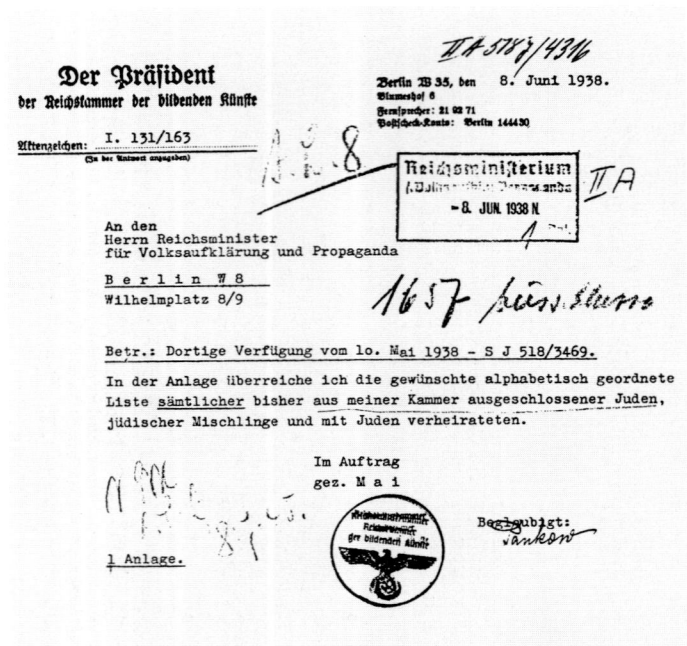

Der Präsident
der Reichskammer der bildenden Künste

Ⅱ 518/4316

Berlin W 35, den 8. Juni 1938.
Blumeshof 6
Fernsprecher: 21 02 71
Postscheck-Konto: Berlin 144430

Aktenzeichen: I. 131/163
(In der Antwort anzugeben)

Reichsministerium
f. Volksaufklärung u. Propaganda
- 8. JUN. 1938 N.

ⅡA

An den
Herrn Reichsminister
für Volksaufklärung und Propaganda

B e r l i n W 8
Wilhelmplatz 8/9

1657 Künstlern

Betr.: Dortige Verfügung vom 1o. Mai 1938 - S J 518/3469.

In der Anlage überreiche ich die gewünschte alphabetisch geordnete
Liste sämtlicher bisher aus meiner Kammer ausgeschlossener Juden,
jüdischer Mischlinge und mit Juden verheirateten.

Im Auftrag
gez. M a i

Beglaubigt:
Jankow

1 Anlage.

Liste
der seit 1933 aus der Reichskammer der bildenden
Künste ausgeschlossenen Juden, jüdischen Mischlin-
gen und mit Juden Verheirateten.

Lennhoff, Max	Architekt	Düsseldorf Lorettostr. 8	Volljude
Leopold, Martin	Kunstmaler	Hamburg 36	Volljude
Lerka, Wilmar	Bildhauer	Frankfurt/Main Rotteckstr. 4	Volljude
Lerner, Jacob	Kunsthändler	Berlin W 15	Volljude
Leschnitzer, Curt	Architekt	Berlin W 5o Motzstr. 3o	Volljude
Leschnitzer, Georg	Architekt	Berlin W Kurfürstendamm 137	Volljude
Lesser, Moritz Ernst	Architekt	Berlin W 62 Ahornstr. 4	Volljude
Lesser, Adelheid	Malerin u. Architektin	Berlin W 3o Rosenheimerstr. 27	Volljüdin
Lessing, Ernst	Architekt	Bln.-Wannsee Friedr.Karlstr. 3o	Volljude
Leupold, Barbara	Entwerferin	Bln.-Schöneberg Luitpoldstr. 28	Halbjüdin
Levi, Arthur	Architekt	Freiburg/Brsg. Hildastr. 31	Volljude
Levi, Emil	Architekt	Frankfurt/Main Schloßstr. 119	Volljude
Levi, Ernst	Kunsthändler	Berlin	Volljude
Levin, Adolf	Innenraum- gestalter	Berlin W 15 Uhlandstr. 167/68	Volljude
Levin, Jean	Kunsthändler	Bln.-Wilmersdorf	Volljude
Levin, Julius	Maler	Düsseldorf Immermannstr. 66	Volljude
Levinstein, Käthe	Malerin	Bln.-Halensee Kurfürstendamm 91	Volljüdin

22 *Auszug aus der Liste der seit 1933 aus der Reichskammer der bildenden Künste ausgeschlossenen Künstler vom 8. Juni 1938*
(Original im Berlin Document Center)

Südfrankreich.[12] Diese Erfahrungen in Frankreich übten auf beide Maler einen starken Einfluß aus und führten später zu engen Beziehungen mit den Düsseldorfer Sinti. Levin entdeckte im Süden eine kraftvolle, farbige Welt vieler nebeneinander lebender Rassen, wie er sie in seiner deutschen Heimat niemals finden konnte, und er hielt sie auf der Leinwand fest.

Nach seiner Rückkehr aus Frankreich war Levin in verschiedenen Ausstellungen in Düsseldorf, München und Berlin mit seinen Aquarellen des Stettiner Hafens sowie mit neueren Arbeiten aus dem Hafen von Marseille vertreten. Die Bilder seiner Heimatstadt Stettin, Ausdruck einer vertrauten und sicheren Welt, und die Bilder aus dem bunten abenteuerlichen Marseille waren Gegenpole in Levins Erfahrungen, die er durch seine Kunst miteinander vereinte. Zur gleichen Zeit wurde Levin Mitglied der ASSO (Association Revolutionärer Bildender Künstler) und auf der Generalversammlung des Reichsverbandes Bildender Künstler in den Beirat dieser

Vereinigung gewählt. Die sogenannte ›Machtergreifung‹ der Nazis veränderte seine Welt vollkommen. Am 29. Juni 1933 wurde Levin zum ersten Mal in Schutzhaft genommen.[13]

Der Grund für seine dreiwöchige Verhaftung war der durch eine Denunziation entstandene Verdacht, daß er sich in der KPD in Düsseldorf betätigt und Emigranten unterstützt habe. Während seiner Vernehmung beteuerte Levin, daß er »keiner Partei oder politischen Organisation als Mitglied angehöre«.[14] Aus den erhaltenen Gestapoakten und Gerichtsunterlagen ist zu ersehen, daß die Verhaftungswelle auch Künstler aus Levins Freundeskreis, wie Hanna Fonk,[15] Karl Schwesig[16] und Mieke und Franz Monjau[17] erfaßt hatte. Kurz danach wurde Karl Schwesig, Levins Ateliernachbar in der Immermannstraße 66 in Düsseldorf, von SA-Polizeihelfern abgeholt und gefoltert – Schwesig hielt seine Erfahrungen später in seinem ›Schlegelkeller‹ fest.[18] Levins Hafterfahrungen spiegeln sich in seinem Selbstporträt als ›Hiob‹, 1933/34 (Abb. 8). Diese

40

erste Haftzeit vertiefte die Freundschaft zwischen Levin und den beiden Monjaus. Ihr außergewöhnliches Vertrauensverhältnis sollte sich in dem bevorstehenden Jahrzehnt ihrer gemeinsamen Not bewähren. Nach seiner Verhaftung wurde Franz Monjau als politisch verdächtig nach Paragraph 4 aus dem Schuldienst ausgeschlossen.[19] Levin und Monjau erhielten außerdem bereits 1933 Berufsverbot (Mal- und Ausstellungsverbot). Auch beschlagnahmten die Nationalsozialisten zwei von Levins Handzeichnungen in der Graphischen Sammlung des Kunstmuseums Düsseldorf.[20]

Nach seiner Haftentlassung wurde Levin zu Straßensäuberungs- und Friedhofsarbeiten zwangsverpflichtet; diese letzte Beschäftigung veranlaßte ihn zu seinem Ölbild ›Landleute‹ (1933).[21] Abends und am Wochenende ließ sich Levin zum Schreiner ausbilden, weil er glaubte, als Facharbeiter den wachsenden wirtschaftlichen Schwierigkeiten und der verschärften gesellschaftlichen Einengung des jüdischen Lebensbereiches besser begegnen zu können. Später, zwischen Herbst 1941 und Sommer 1943, konnten solche Fachkenntnisse Juden zeitweilig vor der Deportation retten.

Bemerkenswert ist, daß selbst der Kulturbund deutscher Juden zwischen 1933 und 1938 wenig für die jüdischen Maler, Bildhauer, und Graphiker tun konnte.[22] Der Mangel an Arbeitsmöglichkeiten wurde durch das Ausbleiben von Museums- und Galerieaufträgen sowie durch den verringerten Ankauf von Kunst verstärkt. Im Januar 1936 wurde ein ›Sekretariat für Bildende Kunst‹ beim Reichsverband der jüdischen Kulturbünde in Berlin errichtet, mit der Aufgabe, »durch Veranstaltungen von Ausstellungen verschiedener Art und sonstige fördernde Maßnahmen die Beziehungen zwischen den jüdischen Künstlern und dem jüdischen Publikum . . . möglichst eng zu gestalten sowie darüber hinaus die Interessen der in Deutschland lebenden jüdischen Künstler im jüdischen Bereich wahrzunehmen«.[23] Im Frühjahr 1936 (26. April bis 7. Juni) veranstaltete das Sekretariat für Bildende Kunst, gemeinsam mit der Künstlerhilfe der Jüdischen Gemeinde Berlin, der Reichsvertretung der Juden in Deutschland

23 *Gesetz gegen die Überfüllung deutscher Schulen und Hochschulen vom 25. April 1933* (Orig. im Bundesarchiv Koblenz)

und dem Jüdischen Museum in Berlin, eine ›Reichsausstellung jüdischer Künstler‹, in der siebenundfünfzig Künstler aus zehn Städten — ohne Berlin — vertreten waren. Düsseldorf stellte vier Künstler und neun Werke aus, darunter drei von Julo ›Lewin‹ [sic].[24] Levins Werke waren außerdem im Winter 1936 oder 1937 im Vestibül des Berliner Kulturbundtheaters zu sehen und wurden von dem Kunstkritiker Max Osborn rezensiert.[25]

Es ist stets ein besonders Merkmal von Levins Kunst gewesen, daß die Farbtöne seiner Hafenszenen weder bunt noch flach wirken. Sein Selbstporträt mit Hut von 1932 sowie der Schiffskoch Ibrahim

nehmen eindeutig Stellung gegen die Unmenschlichkeit. Die Zartheit des individuellen Gesichts ist
ein Merkmal der »Malerei des Expressiven Realismus der verschollenen Generation«.[26]

Der wirtschaftliche Existenzkampf von Levins
Freunden hatte sich 1936 erheblich verschärft. Otto
Pankoks Zigeunerbilder und sein ›Passions‹-Zyklus
wurden beschlagnahmt; Otto und Hulda Pankok
waren von Hausdurchsuchungen, Ausstellungs- und
Arbeitsverboten bedroht.[27] Mieke Monjau versuchte
sich nach Auswanderungsmöglichkeiten zu erkundigen und reiste zweimal, 1934 und 1937, nach Paris.
Aber die äußerst prekäre finanzielle Lage der deutschen Emigranten im Ausland war bedrückend, und
die Monjaus blieben deswegen in Düsseldorf.[28] Auch
Peter Ludwigs' Arbeiten wurden im Verlauf der
Aktion ›Entartete Kunst‹ beschlagnahmt und verhöhnt, er selbst wurde im März 1937 wegen Vorbereitung zum Hochverrat verhaftet; vor Ludwigs'
Haftentlassung im Juni 1937 hat man Julo Levin
erneut vernommen.[29]

Kurz vor Ostern 1936 erhielt Levin eine Anstellung als Zeichenlehrer an der neuen jüdischen
Schule in der Kasernenstraße in Düsseldorf. Infolge
der zunehmenden gesetzlichen Vertreibung schul-
pflichtiger jüdischer Kinder aus öffentlichen Schulen nach 1933 wurden zwischen 1933 und 1938
zahlreiche jüdische Volks- und Mittelschulen neu
gegründet und bestehende jüdische Schulen erwei-
tert. In einer statistischen Untersuchung der Reichsvertretung der Juden in Deutschland von Ende
Dezember 1933 wurde geschätzt, daß 15 000 von
60 000 schulpflichtigen jüdischen Jugendlichen auf
jüdische Volksschulen gingen; mit anderen Worten:
75 Prozent der jüdischen Schüler in NS-Deutsch-
land besuchten noch *deutsche* Schulen.[30] Ende 1937
waren 23 670 von etwa 39 000 schulpflichtigen jüdischen Kindern jetzt auf *jüdischen* Schulen − mit
anderen Worten über 60% aller jüdischen Schüler.[31]
In dem Verwaltungsbericht der Stadt Düsseldorf
vom 1. April 1933 bis 31. März 1936 wurde die
Gesamtzahl der jüdischen Schüler an städtischen
Volksschulen aufgeführt: 323 Anfang Mai 1933, 274
Anfang Juni 1934 und 74 Anfang Juli 1935.[32] Wäh-

rend sich die Gesamtzahl der Juden in öffentlichen
Schulen ständig verringerte, wuchs die Zahl der
jüdischen Schüler auf der privaten Düsseldorfer
jüdischen Volksschule von 210 Kindern an Ostern
1935 auf 365 Kinder im Januar 1937.[33] Im Mittelpunkt des Unterrichts standen Fremdsprachen
(Hebräisch, Englisch und Französisch), die Judentumskunde (einschließlich Bibelkunde und jüdische
Geschichte) und landwirtschaftliche, handwerkliche
oder hauswirtschaftliche Ausbildung. Die Schulen
versuchten bewußt und zum Teil erfolgreich eine
geistige und praktische Erziehung − die Auswande-
rungspädagogik − zu erteilen.[34] »Der Kunstunterricht soll die Kinder zu eigenem Gestalten bringen,
der Werk- und Nadelunterricht zu sauberem sachli-
chen Arbeiten.«[35]

In den ›Richtlinien der Reichsvertretung der
Juden in Deutschland‹ vom 29. Oktober 1937 wurde
der Zeichenunterricht näher erläutert. »Der Zeichenunterricht hat seine Stoffe in allen Schuljahren
auch aus dem jüdischen Lebenskreis des Kindes zu
nehmen. Bilder aus dem religiösen Familien- und
Gemeinschaftsleben, Gegenstände des Kultus, biblische und andere jüdische Stoffe finden zeichnerische Darstellung.«[36]

Levin, der oft zu Gast bei den Monjaus war,
besprach regelmäßig seine Unterrichtsthemen und
Vorträge mit dem Freund und gelernten Pädagogen
Franz Monjau. Auch mit Carl Lauterbach hat er
seinen Lehrstoff diskutiert und ihm mehrere Schülerzeichnungen geschenkt.[37] Levins Verbundenheit
mit seinen Schülern ist durch seine Sammlung von
Schülerzeichnungen belegt.

*»Levin war der Lehrer . . . der Anreger, der Künst-
ler, der seine kleinen Genies bewunderte. In diesem
Verhältnis Lehrer und Schüler war ein spannendes
und geistreiches Wechselspiel. Julo Levin war ein idealer Lehrer, der seine Schüler für eine Sache begeistern
und mitreißen konnte, einen hingebungsvolleren, liebenswerteren Lehrer könnte ich mir nicht denken. Er
war stolz auf die herrlichen Resultate, die seine Schüler und Schülerinnen zustande brachten. Die Farbe
als seelisches Ausdruckselement kam noch hinzu, es
war der dramatische Durchbruch der Farbe mit dem*

24 *Im Kindergarten der Jüdischen Gemeinde zu Berlin* 1934 (Foto: Bildarchiv Preußischer Kulturbesitz)

*Expressionismus. Die Farbe war zu einem neuen gro-
ßen Thema geworden zur ›Selbstverwirklichung‹ —
als self-expression! Damals wie heute . . .*

*Unsere Gespräche im Atelier Julo Levins, in dem wir
die Kinderarbeiten seiner Schüler betrachteten, waren
erfüllt von dem universalen, humanen Geist in allen
Dingen, an denen wir teilhatten, und es war unter den
bedrückenden Verhältnissen, den Bedrohungen und
Ängsten dann wie ein Lichtschimmer, der unsre Hoffnungen belebte.«*[38]

Am 21. April 1938, zu Beginn des neuen Schul-
jahrs, zog Levin von Düsseldorf nach Berlin.[39] Er
mietete eine kleine Wohnung (anderthalb Zimmer
mit Vorraum, Küche und WC) in der Seydelstraße 7,
im damaligen Bezirk Berlin SW 68.[40] Dieser Stadtteil,
genannt Friedrichwerder,[41] war ein armes Viertel, in
der Nähe des Spittelmarkts, des Roten Rathauses, der
Jerusalemstraße und des Scheunenviertels.[42]

Mit der Hilfe seiner Schwester Else und eines
Stettiner Freundes, Dr. Richard Schäfer,[43] bekam
Levin eine Anstellung als Zeichenlehrer an der Pri-
vaten Jüdischen Waldschule Kaliski in Dahlem bis
1939 und anschließend bis 1941 an der Holdheim-
Schule.[44] Im Jahre 1938 war auch seine siebzigjäh-
rige Mutter von Stettin zu Verwandten nach Berlin-
Halensee gezogen. Die jüdische Bevölkerung hatte
nach 1933 in zunehmendem Maße die Dörfer und
Kleinstädte verlassen und war in die Großstädte
übergesiedelt. Zwischen 1933 und 1939 sank der
Anteil der jüdischen Kinder an der jüdischen Bevölkerung um die Hälfte, und der Anteil der in
Deutschland ansässigen älteren jüdischen Frauen
erhöhte sich im Verhältnis zu dem der jüdischen
Männer in starkem Maße. Für die Zunahme des
Anteils von Frauen an der jüdische Bevölkerung gab
es mehrere Ursachen: der Frauenüberschuß inner-

43

halb der deutsch-jüdischen Bevölkerung nach dem Ersten Weltkrieg, die höhere Sterblichkeitsrate bei den Männern durch Haft und Mißhandlungen in den Konzentrationslagern der Nazis und der beträchtliche Anstieg der Emigration alleinstehender jüdischer Männer in jungen und mittleren Jahren nach 1933. Die später deportierten Juden waren zu mehr als einem Drittel über sechzig Jahre alt. Der Zensus von 1939 verzeichnete 123 104 weibliche und 90 826 männliche Juden in Deutschland. Die höhere Anzahl jüdischer Frauen besagt, daß von Oktober 1941 an mehr deutsch-jüdische Frauen als Männer deportiert und ermordet wurden. Wegen des hohen Altersdurchschnitts der verbliebenen Juden lebte die Mehrheit von Renten, Ersparnissen oder Wohlfahrtsunterstützung.[45]

Nach dem November-Pogrom 1938 entschied sich Else Levin, nach England auszuwandern. Sie verließ Berlin Ende Mai 1939.[46] Sie nahm einige von Julos Schülerzeichnungen aus Düsseldorf und Berlin nach England mit, in der Hoffnung, damit die Auswanderung ihres Bruders vorbereiten zu können. Levin lehnte alle Emigrationspläne ab und sagte: »Hier bin ich hingestellt; hier muß ich mein Werk tun.«[47] Kurz darauf malte Levin sein letztes Ölbild, das Porträt ›Meine Mutter‹ (Abb. 6). Es stellt eine alte Dame in einem Sessel mit harten, wehmütigen Augen dar. Enttäuschung, Trauer und Isolierung sind treffend in ihrer Körperhaltung und ihren Gesichtszügen angedeutet. Das Bild ist zugleich Abschied und Klage, Zeugnis von Levins Familienverbundenheit.[48]

Wir wissen sehr wenig über Levins Lehrtätigkeit in Berlin, da die dokumentarischen Quellen vernichtet oder verschollen sind. Nach dem November-Pogrom wurden alle jüdischen Schüler am 15. November 1938 mit sofortiger Wirkung von den deutschen Schulen verwiesen.[49] Die jüdischen Schulen existierten noch unter stetig sich verschlechternden Bedingungen und zunehmendem Druck bis zu ihrer Schließung im Juni 1942.[50]

Alljährlich tauschten Pankok und Levin Weihnachtspäckchen und handgedruckte Neujahrskarten aus. Pankoks Neujahrsgruß von 1939 zeigte einen Affen und den Satz »mit Vorsicht zu betreten«.[51] Der Neujahrsgruß für 1940 war ein Wesen wie der Minotaurus, halb Tier, halb Mensch; Levins Karte für 1941 zeigt den symbolischen Holzschnitt ›Michael tötet den Drachen‹.[52] Trotz des alles beherrschenden Terrors glaubte Levin mit einem fast grenzenlosen Optimismus an die Niederlage des NS-Staates.

Mit der Schließung jüdischer Schulen Ende 1941 wurde Levin von der Berliner Ortsgruppe der Reichsvereinigung in Deutschland als Schreiner zwangsverpflichtet.[53] Gleichzeitig wurde die enge Freundschaft zwischen Mieke Monjau und Julo Levin wiederaufgenommen, als Mieke Monjau Ende 1941 ein Zimmer in einem Erholungsheim im Berliner Vorort Birkenwerder bezog. Es war die Zeit der ersten Deportationen deutscher Juden von Oktober bis Dezember 1941. Mieke hatte schon im November großen Mut bewiesen, als sie die letzte Nacht mit ihrer Düsseldorfer jüdischen Freundin Martha Oppenheim-Cohn-Schweriner vor deren Transport nach Minsk verbrachte. Martha gehörte zum Freundeskreis Monjau–Levin.[54]

Seit Anfang 1942 war Julo Levin als ›Faktotum‹ der Berliner Jüdischen Gemeinde Augenzeuge der Deportationen. »Viele kleine Hilfsdienste für die Todgeweihten und Kassiberübermittlungen hin und her übernahm Levin. Und da waren schließlich die Viehwaggons an der Bahnstrecke Wedding–Putlitzstraße, die Julo Levin zu reinigen hatte.«[55] Sein Neujahrsgruß 1942 zeigt den symbolischen Holzschnitt ›Rasende Talfahrt‹,[56] eine objektive künstlerische Spiegelung seines Schicksals.

Im Frühjahr 1942 begannen die neunzig sogenannten ›Alterstransporte‹ aus Deutschland und Wien nach Theresienstadt, das seit Ende November 1941 als Durchgangslager für tschechische Juden gedient hatte.[57] Emma Levin, geborene Arnfeld, wurde mit dem 56. ›Alterstransport‹ am 23. September 1942 nach Theresienstadt deportiert.[58] Ihre zwei Cousinen, etwas älter als sie, entschieden sich für den Selbstmord.[59] Mieke Monjau und Julo Levin verbrachten die letzte Nacht vor der Deportation am Bett seiner fünfundsiebzig Jahre alten Mutter, und Mieke versprach, für Julo zu sorgen.[60] Brieftele-

25 *Chanukka-Spiel in
    der Kaliski-Schule
    in Berlin* 1936
    (Foto: Bildarchiv
    Preußischer
    Kulturbesitz)

26 *Kaliski-Schule
    in Berlin* 1936
    (Foto: Bildarchiv
    Preußischer
    Kulturbesitz)

Erziehung

a) Für das Reich

558. Schulunterricht an Juden.

Nach der ruchlosen Mordtat von Paris kann es keinem deutschen Lehrer und keiner deutschen Lehrerin mehr zugemutet werden, an jüdische Schulkinder Unterricht zu erteilen. Auch versteht es sich von selbst, daß es für deutsche Schüler und Schülerinnen unerträglich ist, mit Juden in einem Klassenraum zu sitzen. Die Rassentrennung im Schulwesen ist zwar in den letzten Jahren im allgemeinen bereits durchgeführt, doch ist ein Restbestand jüdischer Schüler auf den deutschen Schulen übriggeblieben, dem der gemeinsame Schulbesuch mit deutschen Jungen und Mädeln nunmehr nicht weiter gestattet werden kann.

Vorbehaltlich weiterer gesetzlicher Regelung ordne ich daher mit sofortiger Wirkung an:

1. Juden ist der Besuch deutscher Schulen nicht gestattet. Sie dürfen nur jüdische Schulen besuchen. Soweit es noch nicht geschehen sein sollte, sind alle zur Zeit eine deutsche Schule besuchenden jüdischen Schüler und Schülerinnen sofort zu entlassen.
2. Wer jüdisch ist, bestimmt § 5 der Ersten Verordnung vom 14. November 1935 zum Reichsbürgergesetz (RGBl. I S. 1333).
3. Diese Regelung erstreckt sich auf alle mir unterstellten Schulen einschließlich der Pflichtschulen.

Berlin, den 15. November 1938.

Der Reichsminister
für Wissenschaft, Erziehung und Volksbildung.
In Vertretung: Zschintzsch.

An die Unterrichtsverwaltungen der Länder (außer Preußen), den Herrn Reichskommissar für das Saarland in Saarbrücken, die Herren Oberpräsidenten (Abteilung für höheres Schulwesen), den Herrn Stadtpräsidenten der Reichshauptstadt Berlin (Abteilung für höheres Schulwesen, Abteilung für Volks- und Mittelschulen und Abteilung für Berufs- und Fachschulen), die Herren Regierungspräsidenten (Schulabteilung). — Abschrift zur gefälligen Kenntnisnahme an den Herrn Preußischen Ministerpräsidenten, den Herrn Reichsminister des Innern, den Herrn Reichsminister für Volksaufklärung und Propaganda und den Stellvertreter des Führers. — E I b 745 (b).

(RMinAmtsblDtschWiss. 1938 S. 520.)

27 Erlaß für den Schulunterricht an Juden vom 15. Nov. 1938 (Original im Bundesarchiv Koblenz)

28 Erlaß zur Schließung jüdischer Schulen vom 7. Juli 1942 (Original in Yad Vashem, Israel)

gramme mit dem Briefkopf des Deutschen und Britischen Roten Kreuzes von 1942 und 1943 bezeugen die noch bestehende, aber zwangsläufig sporadische Verbindung zwischen Else Levin in London und ihrer Familie (einschließlich der Nachbarin ihrer Mutter, Hedwig Köpke). Der Tod ihrer zwei Tanten wurde Else von Julo am 22. Oktober 1942 und von Hedwig Köpke nochmals am 1. Dezember 1942 mitgeteilt. Julos letzte Mitteilung an seine Schwester stammt vom 28. April 1943, sie erreichte sie in London am 1. Juli.[61]

Peter Ludwigs besuchte Julo im Herbst 1942 in Berlin, um ihn zum Untertauchen zu überreden. Levin lehnte ab: »Ich kann nicht andere Menschen in Gefahr bringen, um mich zu retten.«[62] Anfang 1943 wurde Peter Ludwigs mit 135 Mitgliedern der Düsseldorfer KPD-Untergrundgruppe ›Niederrhein‹ verhaftet, er starb am 2. Juli 1943 im Gefängnis an seiner Zuckerkrankheit.

Levins letzte Briefe an den Kreis um Peter Ludwigs vom Herbst 1942 bis Mai 1943 zeigen seine wachsende Angst und die aussichtslose Lage. Mit verschlüsselten Worten beschrieb er die Deportationen: »Reisen nehmen ihren Fortgang; man muß sich auf diesen Winter einstellen; hier ist es recht still geworden; und die meisten Bekannten sind nach

Beendigung des Urlaubs abgereist.« Er schützte sich mit einfachen Maßnahmen: Die Briefe waren immer an eine dritte Person ohne direkte Verbindung mit Ludwigs adressiert, und außerdem unterschrieb Levin seine Briefe mit wechselnden Vornamen.[63]

Sein Freund, der Maler Otto Pankok, wollte Levin in seinem Haus verstecken. Als dieser nach langem Zögern annahm, wurde Pankoks Haus bei einem Bombenangriff zerstört.[64] Levins letztes Werk war der kleine Holzschnitt ›Prometheus‹,[65] der Neujahrsgruß für 1943.

Levin wurde während der sogenannten ›Fabrik-Aktion‹ Ende Februar 1943 ohne vorherige Warnung bei einer Razzia verhaftet, die sich gegen Berliner Juden und die in ›Mischehen‹ lebenden Personen richtete. Als Arbeiter der jüdischen Gemeinde mit einen ›gelben Schein‹ ausgestattet, wurde er zuerst heftig geschlagen, aber anschließend freigelassen.[66] Am 7. Mai 1943 hat man Levin erneut verhaftet, zusammen mit Hunderten von Angestellten der Jüdischen Gemeinde Berlins und vielen Mitgliedern der Reichsvereinigung. Mieke Monjau, die ihm den Haushalt führte, wurde mit ihm festgenommen. Beide wurden in das Sammellager in der Großen Hamburger Straße 26–28 gebracht, wo es Mieke Monjau gelang, sich aus der Haft herauszureden und freizukommen.[67]

Das Sammellager existierte von Mitte 1942 bis Frühjahr 1944. Ursprünglich war es ein Altenheim gewesen, aber nachdem die Insassen nach Theresienstadt deportiert worden waren, bekam es seine neue Bestimmung. Eine Anklageschrift der Staatsanwaltschaft beim Landesgericht Berlin beschreibt es:

»Entsprechend seiner Kapazität wird das Lager durchschnittlich 100 bis 150 Juden aufzunehmen in der Lage gewesen sein. Diese fanden hauptsächlich in den im Obergeschoß befindlichen etwa 3 × 6 m großen Räumen Platz und mußten dort auf dem Fußboden schlafen. Bei außergewöhnlichen Ereignissen, so z. B. im Frühjahr 1943 anläßlich der sogenannten Fabrik-Aktion, waren die Lagerräume überbelegt. Es sollen dann 30 bis 40 Personen in einem Zimmer zusammengepfercht worden sein.«[68]

29 *Sammellager Große Hamburger Straße 26: Treppenflur mit Blick auf die Kellertreppe* (Foto: Bildarchiv Preußischer Kulturbesitz)

30 *Sammellager Große Hamburger Straße 26: Kellerraum* (Foto: Bildarchiv Preußischer Kulturbesitz)

Im Kellergeschoß des Sammellagers »befanden sich außer den Luftschutzräumen mehrere Haft-Bunker (Zellen), in die Lagerinsassen strafweise – auch in völliger Dunkelheit – eingesperrt wurden. Nicht selten sind dort auch Mißhandlungen vorgekommen«.[69]

Levin schmuggelte zwischen dem 7. und 16. Mai 1943 zwei Kassiber aus dem Sammellager. Im ersten Brief dankte er Mieke Monjau » . . . für alles, besonders für die letzte Sendung, die ich noch richtig erhielt. Hier wird für uns ja noch gut gesorgt. Ich weiß ja, daß ich seit Muttchens Abschied auch nichts zu entbehren hatte, so weiter gepflegt und betreut wurde, wie je. Allein wäre es mir sicher schon seit damals unmöglich gewesen, Nahrung, Wäscherei, Näherei und alles Nötige zu besorgen, was heute an sich schon schwierig genug ist. Ich spüre jetzt erst richtig, wie wesentlich das bei einer so plötzlichen Erkrankung ist, wieviel Mut bei der starken Ansteckungsgefahr dazu gehört, und ich weiß gar nicht, wie ich es wiedergutmachen könnte. Inzwischen weiß ich alles gut aufgehoben und bestätige die Verfügungsfreiheit, die Muttchen auch schon mündlich gegeben hat . . .«[70]

Mieke Monjau erhielt den zweiten Abschiedsbrief zusammen mit Levins Füllfederhalter und einem Geldschein. Seine letzten Worte waren:

»Nachdem bisher alles so gut verlief, wird es weiterhin wohl auch nicht allzu schlecht werden. *Hier* hat man alles behalten, die Schlepperei wird erheblich sein. Montag ziehen wir. Sonst bin ich bisher unbelästigt geblieben und hoffe, Ihr desgleichen. Heim konnte ich nicht mehr, was mir um so schmerzlicher ist, als ich Euch noch gerne gesehen und die Hand gedrückt hätte. Ich tue es in Gedanken. Laßt es Euch recht gutgehen, und genießt die schönen Ferientage nach Möglichkeit. Auf baldigst, gesundes Wiedersehen . . .«[71]

Am 10. Mai 1943 hatte Levin eine Aufstellung seines Wohnungsinventars gemacht: »1 Kleiderschrank, 3 Stühle, 2 Kommoden, 1 Couch, 2 Sessel und diverses Geschirr.«[72]

Am 17. Mai 1943 ging der Osttransport Nr. 38 mit Levin und 395 anderen vom Bahnhof Putlitzstraße nach Auschwitz ab. Hermann Langbein, Sekretär des Comité International des Camps, hat uns auf unsere Nachfrage hin mitgeteilt:

»Der erwähnte Transport von Berliner Juden ist am 19. Mai 1943 in Auschwitz angekommen. Über sein Schicksal geben folgende dürre Worte Aufschluß:

›Nach der Selektion lieferte man 80 Männer als Häftlinge ins Lager ein, sie bekamen die Nummern 122.476 – 122.555; 115 Frauen bekamen die Nummern 45.168 – 45.282. Die übrigen wurden vergast.‹

Namen wurden nicht bekannt. Den Namen Julo Levin konnte ich in keiner anderen Unterlage finden.«[73]

Levins Todesdatum ist nicht bekannt. Emma Levin ist in Theresienstadt vor 1944 gestorben.

Nach Levins Deportation fuhr Franz Monjau nach Berlin und stellte mit seiner Frau Levins Nachlaß sicher. Die Bilder wurden bei Freunden und Bekannten untergebracht und nur dadurch gerettet.

Im Oktober 1944 wurde Franz Monjau verhaftet. Nach einigen Monaten im Gestapogefängnis Ratingen wurde er am 16. Januar 1945 in das Konzentrationslager Buchenwald gebracht, wo er am 28. Februar 1945 starb. Von 1946 an hat Mieke Monjau die erhaltengebliebenen Bilder ihres Mannes und Julo Levins ausgestellt. Levin sagte einmal: »Allein meine Arbeiten sind meine Aussage, eine schweigende Verbundenheit mit Menschen, die alles Trennende ausschließt.«[74] Nach fünfzig Jahren sind die Arbeiten Julo Levins und die seines Freundeskreises ein Symbol für Verständigung und Menschlichkeit. Ihre Werke und die Arbeiten ihrer jüdischen Schüler werden als Zeichen der Erinnerung überdauern.

Anmerkungen

1 Unveröffentlichtes Manuskript der Eröffnungsreden von Else Levin und Mieke Monjau zu ›Lebendiges Erbe‹, Ausstellung des Hetjens Museums, in Düsseldorf 1946.
2 Else Levin, Erinnerungen, London, Januar 1981, in: Julo Levin: Gemälde, Graphiken, Dokumente. Hrsg. Stadtmuseum Düsseldorf und Volkshochschule Papenburg. Düsseldorf 1981, S. 10.
3 Stadtarchiv Düsseldorf: Einwohnermeldeamt Mikrofiche.

站
4 Ebenda. Betr. Thorn-Prikker, vgl. Paul Vogt, Geschichte der deutschen Malerei im 20. Jahrhundert, Köln 1976, S. 79 f., und Ulrich Krempel, Hrsg., Am Anfang: Das Junge Rheinland; Zur Kunst- und Zeitgeschichte einer Region 1918–1945, Düsseldorf 1985, S. 64–72, 341.

5 Betr. Campendonk und Nauen, vgl. Krempel, Das Junge Rheinland, S. 68–69, 316–317, 335.

6 Levin, Erinnerungen, S. 13. Die Julo-Levin-Sammlung im Stadtmuseum Düsseldorf enthält Fotos seiner Werbebroschüren, Glasmalerei und Innenausstattung für die Firma Zaudy.

7 Brief von Else Levin an das Stadtmuseum Düsseldorf, 29. 8. 1987.

8 Berlin, Otto Stollberg Verlag, 1928.

9 Breslau, Verlag von Ferdinand Hirt, 1922.

10 Brief von Carl Lauterbach an das Stadtmuseum Düsseldorf, 16. 8. 1987.

11 Mieke Monjau, Am 17. Mai ging der Transport nach Auschwitz – niemand kehrte zurück: Über den Maler Julo Levin, in: Tendenzen, Jg. 20, Nr. 128, Nov./Dez. 1979, S. 46.

12 Vgl. Otto Pankok, Zigeuner, Düsseldorf 1985.

13 Nordrhein-Westfälisches Staatsarchiv Münster, Bestand Prozeßakte Gesch. Nr. o. J. 779/33: Oberlandesgericht Hamm, Bd. 1, 125, 248, vom 29. 6. 1933 und 6. 11. 1934.

14 Ebenda.

15 Stadtmuseum Düsseldorf, Hanna Fonk: Gemälde, Graphik, Dokumente, Düsseldorf 1984, S. 7–8.

16 Karl Schwesig: Leben und Werk, Hrsg. Herbert Remmert und Karl Barth, Berlin 1984, S. 57–80.

17 Stadtmuseum Düsseldorf, Franz Monjau: Gemälde, Aquarelle, Dokumente, Düsseldorf 1983, S. 4.

18 Vgl. Karl Schwesig, Schlegelkeller, hrsg. von Galerie Remmert und Barth, Berlin und Düsseldorf 1983.

19 Widerstand statt Anpassung: Deutsche Kunst im Widerstand gegen den Faschismus 1933–1945, Badischer Kunstverein und Elefanten Press., Berlin 1980, S. 64–65.

20 Vgl. Berlin Document Center (BDC), Akten der Reichskammer der bildenden Künste, Berlin, Liste vom 8. Juni 1938 der seit 1933 ausgeschlossenen Juden, jüdischen Mischlinge und mit Juden Verheirateten. Diese Liste enthält Levins Name mit der Bemerkung »Volljude«, von Mr. Daniel P. Simon, Direktor des BDCs, zur Verfügung gestellt. Vgl. auch Franz Roh, ›Entartete‹ Kunst: Kunstbarbarei im Dritten Reich, Hannover 1962, S. 154.

21 Monjau, Am 17. Mai ging der Transport, S. 46. Siehe Anm. 11.

22 Kurt Düwell, Jewish Cultural Centers in Nazi Germany: Expectations and Accomplishments, in: The Jewish Response to German Culture: From the Enlightenment to the Second World War, Hrsg. Jehuda Reinharz und Walter Schatzberg, Hannover (NH) und London 1985, S. 294–316 und Herbert Freeden, Jüdisches Theater in Nazideutschland, Frankfurt, Berlin und Wien 1985, S. 127 f.

23 Informationsblätter der Reichsvertretung, Jan.–Feb. 1936.

24 Die Julo-Levin-Sammlung im Stadtmuseum Düsseldorf enthält eine Fotokopie des 16seitigen Katalogs, in dem auf S. 6 Levins Name als »Lewin« falsch wiedergegeben wird. Die drei weiteren Düsseldorfer Künstler waren Max Stern, Max Westfeld und der Bildhauer Leopold Fleischhacker. Vgl. auch Hermann Simon, Das Berliner Jüdische Museum in der Oranienburger Straße, Berlin 1983, S. 54.

25 Joachim Hemmerle, Der Maler Julo Levin, in: Julo Levin, S. 18 (Nachdruck aus Israel-Forum, 10. Jg., H. 6, Juni 1968).

26 Vgl. Rainer Zimmermann, Die Kunst der verschollenen Generation: Deutsche Malerei des Expressiven Realismus von 1925 bis 1975, Düsseldorf und Wien 1980.

27 Otto Pankok, Hrsg. Karl Ludwig Hofmann, Christmut Präger und Barbara Bessel, Berlin 1982, S. 14–21.

28 Bernd Stappert, ›Zu denen halten, die verfolgt sind!‹: Zeitgeschichtliches in der Lebensgeschichte der Mieke Monjau, 28 S. Ms., durch Südwestfunk, Stuttgart, S. 9. Vgl. Ruth Fabian und Corinna Coulmas, Die deutsche Emigration in Frankreich nach 1933, München, New York, London und Paris 1978.

29 Stadtmuseum Düsseldorf, Peter Ludwigs: Malerei, Grafik, Dokumente, Düsseldorf 1983, S. 15. Für Levin, vgl. Hauptstaatsarchiv Düsseldorf, Bestand RW 58, Gestapo-Akte Peter Ludwigs 27912.

30 Arbeitsbericht des Zentralausschusses der deutschen Juden für Hilfe und Aufbau, Hrsg. Reichsvertretung der Juden in Deutschland, Berlin 1933, S. 26.

31 Ebenda. 1937, S. 54–55. Vgl. Joseph Walk, Jüdische Schüler an deutschen Schulen in Nazideutschland, in: Bulletin des Leo-Baeck-Instituts, 19. Jg., Nr. 56/57 (1980), S. 101–109, und Werner T. Angress, Jüdische Jugend zwischen nationalsozialistischer Verfolgung und jüdischer Wiedergeburt, in: Die Juden im Nationalsozialistischen Deutschland 1933–1943, Hrsg. Arnold Paucker, Sylvia Gilchrist und Barbara Suchy, Tübingen 1986, S. 211–21.

32 Geschichte original – am Beispiel der Stadt Düsseldorf, Hrsg. Angelika Voigt und Falk Wiesemann, Münster 1983, S. 7.

33 Kurt Herz, Die private jüdische Volksschule Düsseldorf, 25. Januar 1937, 4 S. Manuskript, von Bernd Dieckmann, Kulturdezernent Düsseldorf, zur Verfügung gestellt.

34 Hermann Weil, ›Nach fünf Jahren, Zum Arbeitsbericht der Reichsvertretung: Das jüdische Schulwerk‹, in: C. V. Zeitung, 26. Mai 1938, Nr. 21, 1. Beiblatt, S. 3–4.

35 Kurt Herz, Die private jüdische Volksschule Düsseldorf, S. 3.

36 Landesarchiv Berlin, Pr. Br. Rep. 57 / Nr. 374, Bd. 1, 1936/1937.

37 Stadtmuseum Düsseldorf: Archiv Lauterbach.

38 Carl Lauterbach, Julo Levin und seine Sammlung ›Kinderzeichnungen‹, Düsseldorf, 16. August 1987, an das Stadtmuseum im Rahmen der Ausstellungsforschung geschrieben.

39 Stadtarchiv Düsseldorf: Einwohnermeldeamt Mikrofiche.

40 Oberfinanzdirektion Berlin: Akten des ehemaligen Oberfinanzpräsidenten Berlin-Brandenburg, Vermögenserklärung einschließlich des Wohnungsinventarverzeichnisses Julius (»Julo«) Levin, 10. Mai 1943, von Herrn Herda zur Verfügung gestellt.

41 Karl Baedeker, Berlin und Potsdam, Leipzig 1936, S. 52–3.

42 Eike Geisel, Hrsg., Im Scheunenviertel: Bilder, Texte, Dokumente, Berlin 1981. Vgl. Carolin Hilker-Siebenhaar, Hrsg., Wegweiser durch das jüdische Berlin, Berlin 1987.

43 Angaben über Dr. Richard Schäfer waren nicht zu ermitteln.

44 Pädagogisches Zentrum, Berlin: Fragebogen für höhere Schulen, 25. Mai 1938 für die Waldschule Kaliski und die Holdheim-Schule. Vgl. Michael Daxner, Die Private Jüdische Waldschule Kaliski in Berlin, 1932–1939, in: Paucker, Gilchrist und Suchy, Hrsg., Die Juden im nationalsozialistischen Deutschland, S. 249–57; Michael Daxner, Dokumente: Der Erfolg der Überlebenden: Die Private Jüdische Waldschule Kaliski in Berlin 1932–1939, in: Neue Sammlung, 26. Jh., Nr. 1, S. 68–78; und Hilker-Siebenhaar, Wegweiser durch das jüdische Berlin, S. 106.

45 Archiv des Leo-Baeck-Instituts, New York: Bruno Blau, Die Entwicklung der jüdischen Bevölkerung in Deutschland, Manuskript, New York 1950.

46 Julo Levin, S. 14–15. Siehe Anm. 2.

47 Monjau, Am 17. Mai ging der Transport, S. 47. Siehe Anm. 11.

48 Vgl. Annette Baumeister, Mit Bildern widerstehen, in: Krempel, Das Junge Rheinland, S. 111.

49 Runderlaß des Reichsministeriums für Wissenschaft, Erziehung und Volksbildung vom 15. November 1938, in: Joseph Walk, Hrsg., Das Sonderrecht für die Juden im NS-Staat; Eine Sammlung der gesetzlichen Maßnahmen und Richtlinien, Inhalt und Bedeutung, Heidelberg und Karlsruhe 1981, S. 256 (Nr. III 17).

50 Ebenda, S. 377 (Nr. IV 376): Unveröffentlicher Erlaß des Reichsministeriums für Wissenschaft, Erziehung und Volksbildung zusammen mit dem RSHA vom 20. Juni 1942.

51 Otto Pankok, S. 106. Vgl. Otto Pankok Archiv, Haus Esselt, Hünxe-Drevenack, Briefwechsel Pankok–Levin aus der Jahreswende 1939–40.

52 Monjau, Am 17. Mai ging der Transport, S. 49. Siehe Anm. 11.

53 Oberfinanzdirektion Berlin, Vermögenserklärung Julius (»Julo«) Levin, S. 1.

54 Franz Monjau, S. 41–42. Siehe Anm. 48.

55 Ebenda, S. 43.

56 Stadtmuseum Düsseldorf: Leihgabe Mieke Monjau.

57 Vgl. Henry Friedlander, The Deportation of German Jews: Postwar German Trials of Nazi Criminals, in: Leo Baeck Institute Yearbook, Bd. 29, 1984, S. 216–17.

58 Oberfinanzdirektion Berlin, Vermögenserklärung Emma Levin vom 18. September 1942 und Transportliste des 65. Alterstransports nach Theresienstadt vom 23. September 1942.

59 Stappert, ›Zu denen halten, die verfolgt sind!‹, S. 13. Vgl. Konrad Kwiet, The Ultimate Refuge: Suicide in the Jewish Community under the Nazis, in: Leo Baeck Institute Yearbook, Bd. 29, 1984, S. 135–67.

60 Franz Monjau, S. 42. Siehe Anm. 48.

61 Fotokopien von Else Levin, London, zur Verfügung gestellt.

62 Franz Monjau, S. 42, und Peter Ludwigs, S. 16–21. Siehe Anm. 48.

63 Fotokopien von Mieke Monjau zur Verfügung gestellt.

64 Franz Monjau, S. 42. Siehe Anm. 48.

65 Janet Blatter und Sybil Milton, Art of the Holocaust, New York 1981, S. 183 (Abb. 177).

66 Vgl. Hildegard Henschel, Aus der Arbeit der Jüdischen Gemeinde Berlin während der Jahre 1941–1943, in: Zeitschrift für die Geschichte der Juden (Tel Aviv), 9. Jg., 1972, S. 33–52.

67 Franz Monjau, S. 43. Siehe Anm. 48. Vgl. auch Kurt Jakob Ball-Kaduri, Berlin wird Judenfrei: Die Juden in Berlin in den Jahren 1942–43, in: Jahrbuch für die Geschichte Mittel- und Ostdeutschlands, Bd. 22, 1973, S. 196–241.

68 StA Berlin, 1 Js 9/65, Anklageschrift Bovensiepen, S. 191–2.

69 Ebenda, S. 193.

70 Fotokopien von Mieke Monjau, Düsseldorf, zur Verfügung gestellt.

71 Ebenda.

72 Oberfinanzdirektion Berlin, Vermögenserklärung Julius (›Julo‹) Levin, S. 8.

73 Brief von Hermann Langbein, Wien, an die Verfasserin, 16. Juli 1987.

74 Julo Levin, S. 15. Siehe Anm. 2.

»Es gibt auch keine Schule mehr«

Barbara Suchy

»Es gibt keine jüdische Schule mehr«, hatte es zum ersten Mal in der Geschichte der Düsseldorfer Juden im März 1877 geheißen. Nach 41 harten und mühevollen Dienstjahren hatte Lehrer N. Frank seine Tätigkeit an der einklassigen ›gemischten israelitischen Volksschule‹ in der Marienstraße beendet. Zuletzt hatte er 42 Kinder zwischen 5 und 14 Jahren zu unterrichten.[1]

Insgesamt lebten damals ungefähr 950 Juden in Düsseldorf, 134 waren Kinder im schulpflichtigen Alter. 7 Kinder besuchten andere Elementarschulen, 83 gingen auf Privat- und höhere Schulen. Die kleine jüdische Schule wurde aufgelöst, und die 42 Kinder sowie eine Büste ›Sr. Majestät des Kaisers‹ auf die anderen Schulen verteilt.[2] Dieser Vorgang entsprach dem allgemeinen Assimilationsprozeß der Zeit. Das in seiner Mehrzahl nicht-orthodoxe jüdische Bürgertum der mittleren und vor allem der Großstädte sah — im Sinne der sehr nachdrücklich bejahten Akkulturation — in der Erziehung seiner Kinder auf den allgemeinen (evangelischen oder katholischen) oder privaten nichtjüdischen Schulen die Voraussetzung für sozialen Aufstieg, wirtschaftlichen Erfolg und für die ersehnte Anerkennung als gleichberechtigte Deutsche jüdischer Religion.

Zwei Menschenalter später, im November 1941, schrieb der Vorsitzende der Jüdischen Gemeinde Düsseldorf, Siegfried Falk, einen kleinen Brief an einen Freund in der Schweiz, in dem der Satz steht: »Es gibt auch keine Schule mehr.« Dieser Brief mutet heute an wie der kaum vernehmbare Verzweiflungsschrei eines Geknebelten und Gefesselten.[3]

Kreishaus.   Neue Synagoge.   Ortskrankenkasse.

31 *Die Synagoge mit dem anschließenden Rabbinerhaus in der Kasernenstraße in Düsseldorf* (Postkarte)

Die Kinderzeichnungen, in der Düsseldorfer Jüdischen Schule während der Nazi-Zeit entstanden, sind Anlaß und wichtigster Baustein zur Rekonstruktion dieses nahezu vergessenen Kapitels einer deutsch-jüdischen Lokalgeschichte in den Jahren nach 1933. Dieses Kapitel wird fragmentarisch bleiben. Das gesamte Archiv der jüdischen Gemeinde wurde vernichtet. Die Akten der Schulbehörde sind verbrannt. Doch es wäre wünschenswert, wenn durch diese Ausstellung weitere Bruchstücke der Erinnerung zutage kämen und mithelfen könnten, das Bild von jener Schulgemeinschaft zu ergänzen.[4]

1925 betrug die Zahl der Juden in Düsseldorf nach der amtlichen Statistik 5130.[5] Das entsprach 1,19% der Gesamtbevölkerung der Stadt (432 633). Nach den Ergebnissen der Volkszählung von 1933 lebten 5053 Juden in Düsseldorf.[6] Ihr Anteil an der gesamten Einwohnerzahl war auf 1,01% gesunken. 570 jüdische Kinder besuchten Volksschulen, mittlere und höhere Schulen. 1932 war die Zahl der jüdischen Schüler höher gewesen: viele Familien waren zum Zeitpunkt der Volkszählung bereits geflohen bzw. ausgewandert.

Und wie sah es im Frühjahr 1935 aus, als die Jüdische Schule eröffnet wurde? 63 Schüler besuchten Volksschulen, 25 Mittelschulen und 143 höhere Schulen. Bevor Ende 1938 jüdischen Kindern der Besuch staatlicher Schulen verboten wurde, gingen noch 4 Kinder auf Volksschulen, 1 Kind auf eine Mittelschule und 13 auf höhere Schulen.[7]

In Düsseldorf hatte es schon seit 1928, also fünf Jahre bevor Hitler Reichskanzler wurde, Bemühungen zur Errichtung einer neuen jüdischen Volksschule gegeben.[8] Sie gingen von Vertretern der Orthodoxie aus. Ihr Sprecher war S. Gottdiener, der auch Mitglied des Gemeindevorstandes war. Auf allzuviel Gegenliebe stieß dieser 1930 wiederholte Vorschlag bei der Mehrheit der liberalen Gemeindevertreter nicht. Man meinte, ein solches Projekt scheitere allein an den großen finanziellen Lasten. Doch wurde die Einstellung eines neuen hauptamtlichen Religionslehrers zur Entlastung der beiden Rabbiner Dr. Eschelbacher und Dr. Klein beschlossen. Bisher war der Religionsunterricht von diesen jeweils nachmittags, nach der Schule, erteilt worden.[9] Wenige Wochen später trug Gottdiener erneut sein Anliegen vor: »In unserer Zeit, die ... eine Periode des Verlustes an jüdischen Wertigkeiten darstellt, muß es daher Aufgabe der Gemeinden sein, jüdische Schulen zu errichten, die die Jugend wieder dem Judentum nähern können.«[10] Knapp

drei Jahre später sollte sich diese Forderung als das Gebot der Stunde erweisen. Doch 1930 löste sie noch heftige Diskussionen aus. So wurden vor allem die negativen Folgen einer solchen Schulgründung, die als ›Absonderung‹, als ›Ghettoisierung‹ angesehen werden könnte, befürchtet. Indessen sahen fast alle Gemeinderepräsentanten auch die Vorteile »einer Annäherung zwischen Ost- und Westjuden und, vor allem, einer wirksamen Vermittlung jüdischen Wissens«.[11]

Orthodoxe Juden hatten in jenen Jahren bereits ihre schon 1920 von Ostjuden gegründete eigene Religionsschule Machsike Hathora, in der jeden Nachmittag drei Lehrer in hebräischer Schrift und jüdischer Lehre Unterricht erteilten. Sie wurde Anfang 1931 von über 100 Kindern besucht.[12]

Damals, im Januar 1931, klirrten zum ersten Mal die Scheiben: Faustgroße Steine flogen in das große Fenster der Synagoge.[13]

Im Dezember 1932 wurde ein hebräischer Sprachschulverein gegründet. Zur Überraschung der Initiatoren fanden sich auf Anhieb 80 Schüler zusammen.[14] Eine Erklärung hierfür mag in der verstärkten Aktivität der Zionisten innerhalb der Gemeinde liegen. Während jener Monate war die schöne große Synagoge in der Kasernenstraße zum ersten Mal mit Parolen wie ›Juda verrecke‹ und Hakenkreuzen beschmiert worden.

32   *Die Synagoge in Düsseldorf, mit Hakenkreuz und der Parole ›Juda verrecke‹ beschmiert* 1932 (Foto: Privatbesitz)

Wenige Wochen nach der Ernennung Hitlers zum Reichskanzler klirrten wieder Scheiben in Düsseldorf: 17 Fenster wurden im Wohlfahrtsamt der Gemeinde neben der Synagoge eingeworfen. Nach den Reichstagswahlen vom 5. März 1933 kam es am 1. April in Düsseldorf, wie überall in Deutschland, zum staatlich organisierten antijüdischen Boykott; die ersten weitreichenden antijüdischen gesetzlichen Maßnahmen folgten. Sie machten die deutschen Juden zu Fremden im eigenen Land, zu Menschen minderen Rechts. Damit waren, wie Reinhard Rürup mit Recht betont, schon lange vor den Deportationen die Voraussetzungen für die Fortdauer einer jüdischen Existenz in Deutschland endgültig zerschlagen.[15] »Die tausendjährige Geschichte der deutschen Juden«, so hatte es damals Leo Baeck sehr deutlich erkannt und ausgesprochen, »ist zu Ende.«[16]

Was bedeutete es für jüdische Kinder, in einer solchen Welt aufzuwachsen? Gerade sie waren besonders schwer getroffen; eines der allerersten antijüdischen Gesetze galt ja jüdischen Schülern. Das ›Gesetz gegen die Überfüllung von deutschen Schulen und Hochschulen‹ vom 25. April 1933 sah unter anderem vor, daß die Zahl jüdischer Kinder den Anteil von ca. 1,5% an der Gesamtschülerzahl nicht überschreiten durfte. Daß Kinder von ›Frontkämpfern‹ und solche mit einem nichtjüdischen Elternteil zunächst hiervon ausgenommen waren, schwächt den Unrechtscharakter dieser und ähnlicher Gesetze keineswegs ab, unterstreicht ihn vielmehr auf infame Weise. Er belastete zudem die schockierten und völlig verunsicherten deutschen Juden mit einer demoralisierenden und entwürdigenden Aufteilung in zwei Gruppen unterschiedlichen ›Rechts‹.

Die Welt der jüdischen Kinder wurde rasch eingeengt. Isolierung, Beleidigung, Entfremdung von der vertrauten, alltäglichen Umwelt sind die Stichworte, hinter denen sich sehr häufig traumatische Erfahrungen verbergen. In der ›Gemeindezeitung‹ äußerte sich im Juni 1933 voller Sorge ein ungenannter Vater: »Jetzt handelt es sich vor allem darum, daß unsere Kinder vor dem Gefühl der Minderwertigkeit bewahrt bleiben.«[17]

Manche Schulen hatten im April jüdische Schüler beurlaubt. Sie wollten abwarten, wie sich die Gesetzeslage entwickelte. Noch einigermaßen offen – das änderte sich bald entschieden unter dem Diktat der Zensur – konnte in einem mit ›Schulfragen‹ überschriebenen Artikel in der ›Gemeindezeitung‹ darüber berichtet werden, daß die Kinder »im großen und ganzen« zufrieden wären. »Sie rühmen ihre Lehrer und leben meist mit ihren Mitschülern in Frieden.« An einigen Schulen fühlten sich die Schüler allerdings »völlig vereinsamt«, was wohl ein beträchtlicher Euphemismus sein dürfte. Kränkende, verletzende Lieder mußten von den jüdischen Kindern mitgesungen werden. Die Rassenkunde war eingeführt worden. »Einem Schüler sagte der Lehrer im Rassenunterricht, was er vorgetragen habe, richte sich gegen das Judentum, nicht gegen ihn persönlich. Der Schüler hat ihm darauf erwidert: ›Es wäre mir viel lieber, sie richteten sich gegen mich persönlich und nicht gegen das Judentum.‹«[18]

Die meisten Verantwortlichen hatten indessen erkannt, daß die Errichtung einer eigenen jüdischen Schule unabdingbar geworden war. Der Schulweg, so formulierte es einer von ihnen, der jüdische Schüler bisher zum Beruf und ins Leben geführt hatte, »führt sie jetzt ins Leere ohne Aussicht«.[19] Sie wurden unterstützt von der im September 1933 entstandenen ›Reichsvertretung der deutschen Juden‹. Diese erste Gesamtvertretung aller deutschen Juden sah von Anfang an in der Unterstützung und Betreuung des jüdischen Schulwesens eine ihrer wichtigsten Aufgaben.

In Düsseldorf konstituierte sich im Oktober 1933 der Schulverein, um die Finanzierung der Schule zu ermöglichen. Düsseldorf sei, so hieß es in der ›Gemeindezeitung‹ vom 14. Oktober, mittlerweile die einzige Gemeinde im Rheinland, »dem klassischen Lande der jüdischen Volksschule«, die keine besitze.

Unterdessen ermunterte die ›Gemeindezeitung‹ die Jugend, ihre Gedanken und Gefühle zu den »Ereignissen der Gegenwart« zu Papier zu bringen. Sicherlich war damit beabsichtigt, den Jugendlichen Trost und ein Gefühl der Solidarität zu vermitteln.

Ein Junge drückte seine Beobachtungen und seine bange Hoffnung mit folgenden Worten aus:

Synagoge

Sie ist irgendwie anders geworden.
Ernster, feierlicher.
Ich weiß nicht, wie das kommt.
Ich habe das Gefühl.

Da stehen sie nun. Männer und Frauen.
Alles Juden. Alles Juden?
Oder fühlen nicht viele erst jetzt,
Daß sie Juden sind?

Früher – kannte man sich nicht.
Jeder war besser.
Der andere nur: »Irgend jemand!«
Jom Kippur kam man zur Synagoge.

Das ist heute anders. Ganz anders.
Es wurde auch Zeit!
Du weißt: Auch er leidet wie ich.
Man versteht sich besser.

Die Synagoge?
Sie ist irgendwie anders geworden.
Wir wissen, daß wir Juden sind.
Hat die Zeit doch für uns ihr Gutes?[20]

Anfang 1935 gelang es dem Gemeindevorstand, Dr. Kurt Herz als künftigen Leiter der Schule zu gewinnen. 1903 in Offenbach geboren, hatte Kurt Herz als junger Lehrer an Oberrealschulen in Gießen und Mainz gearbeitet. Er war in der Jüdischen Jugendbewegung, zum Teil in leitender Position, aktiv (›Bund Kameraden‹, ›Jüdischer Jugendverein‹). Von 1929 bis zu seiner Entlassung 1933 hatte er in Berlin-Neukölln am Kaiser-Friedrich-Realgymnasium unterrichtet. Diese Schule hatte, als eine fortschrittliche, der Schulreform verpflichtete Institution, ein paar Jahre Karl-Marx-Realgymnasium geheißen. Bis zur Übernahme der Leitung der Düsseldorfer Schule war Herz Lehrer an der ebenfalls sehr fortschrittlichen jüdischen Theodor-Herzl-Schule in Berlin. Daß er einmal Leiter einer jüdischen Schule

werden würde, hätte Kurt Herz sich nie träumen lassen. Dies hätte auch ursprünglich jenseits seiner beruflichen Wunschvorstellungen gelegen. Herz brachte seine junge Frau und seinen kleinen Sohn mit nach Düsseldorf. Frau Herz war auch an der Schule als Lehrerin tätig (Hauswirtschaftskunde, Handarbeiten). Sie pendelte immer zwischen den jüdischen Schulen in Essen und Düsseldorf hin und her.[21]

In der ›Gemeindezeitung‹ umriß Dr. Herz sein ›Programm‹.[22]

Der nun schon zwei Jahre andauernde Prozeß der Entrechtung und Ausgrenzung hat zu einer tiefgreifenden Unsicherheit, oft zu einem Identitätsverlust der deutschen Juden geführt. Man hat sie zu Nicht-Dazugehörigen gemacht, zu Fremden; aus deutschen Juden waren Juden in Deutschland geworden. Herz war gezwungen, diesen Tatbestand verschleiert zu umschreiben: »Die neue jüdische Situation in Deutschland hat zu einer neuen und tiefen Besinnung geführt«, zu einer Besinnung auf den »Wert des jüdischen Wissens«. Daraus ergaben sich Konsequenzen für eine jüdische Schule. Es galt nun, dem jüdischen Kind im Rahmen einer ›Erziehungsgemeinschaft‹ von Lehrern, Schülern, Eltern und auch jüdischen Jugendorganisationen Halt und eine neue Identität zu vermitteln: »Die jüdische Jugend in Deutschland kann nur dort Sicherheit, Stolz, Freude und Wissen finden, wo ihr der Wert des Jüdischen ins Bewußtsein gehoben wird.« Daneben sollte den Kindern aber auch »das deutsche Kulturgut« vermittelt werden. Das mag ein bißchen vage klingen, zeigt aber doch eines deutlich: Aus der deutschen Kulturgemeinschaft konnten und wollten sich damals diejenigen, denen man eine Ghettoexistenz aufgezwungen hatte, nicht vertreiben lassen.

In der jüdischen Schule sollten auch die Ansätze der Reformpädagogik zum Tragen kommen: »Die Kinder sollen gern in die Schule gehen, sie soll ihnen eine Stätte frohen Zusammenseins und freudiger Arbeit sein. Der Lehrer soll ihr Freund, ihr Berater sein; er soll mit ihnen jung sein, aber er wird ihnen auch den Weg ins Leben zeigen.«

Für Herz stand es damals fest, daß für viele Schü-

54

33 *Schulstunde in der Privaten Jüdischen Volksschule in Düsseldorf.* An die Wand sind einige Schülerzeichnungen geheftet
(Foto aus dem Besitz von Kurt Bergel)

ler der »Weg ins Leben« ins Ausland führen würde. Andere Kinder, so nahm Herz an (noch war ja die weitere Entwicklung nicht vorauszusehen), würden in Deutschland bleiben, ohne die traditionellen Ausbildungs- und Berufswege beschreiten zu können. Dieser Situation müsse die Schule Rechnung tragen durch die Vorbereitung auf praktische Berufe, auf »Berufsumschichtung«. Herz schloß mit einem Appell an die Eltern, ihre Kinder in der jüdischen Schule erziehen zu lassen: »... denn hier leben sie in einem Kreis gleichgesinnter, gleichwollender Menschen, hier werden glückliche, frohe und bewußte jüdische Menschen geformt, die durch alle

Schwierigkeiten und Nöte stolz und wissend ihren Weg gehen werden.«

Am Sonntag, dem 28. April 1935, war es dann endlich soweit. In der Synagoge wurde die ›Jüdische Privatschule Düsseldorf‹ feierlich eröffnet. Die Schulräume befanden sich im Nebengebäude der Synagoge, in dem die Sitzungsräume und die Zimmer des Wohlfahrtsamts für diesen Zweck umfunktioniert worden waren. Die Rabbinerwohnung im ersten Stock wurde aber (noch) von Dr. Max Eschelbacher bewohnt. Mit Orgelspiel und gemischtem Chor, der ›Danket dem Herrn‹ von Heinrich Schalit sang, klang die Feier aus.

Die Schule hatte, was in jener Zeit noch recht ungewöhnlich war, die Koedukation eingeführt. Der Unterricht fand – auch nachmittags – an fünf Tagen, von Montag bis Freitag, statt. Für die Pausen stand nur ein kleiner Hof hinter der Synagoge zur Verfügung. »Wir haben nur einen kleinen Hof für unsere Kinder – aber lustiger, fröhlicher und ausgelassener könnten die Pausen auf dem schönsten Düsseldorfer Schulhof nicht sein. Möge unserer Schule ein glückhaftes Leben beschieden sein.«[23]

Im November 1935 versuchte Kurt Herz in der jüdischen Öffentlichkeit »der Apathie weiter Schichten gegenüber den dringenden Problemen im jüdischen Schulwesen« zu begegnen. Das läßt darauf schließen, daß jüdische Schulen in Düsseldorf und auch anderswo noch nicht überall innerhalb der jüdischen Gemeinschaft eine ausreichende ideelle und finanzielle Unterstützung gefunden hatten und daß sich viele Eltern hinsichtlich der Ausgrenzungspolitik der Nationalsozialisten noch in Illusionen wiegten. Dieser Artikel in der ›Jüdischen Rundschau‹ ist nicht nur eine nüchterne, illusionslose Standortbestimmung, sondern auch ein eindrucksvolles Dokument jüdischen Selbstbehauptungswillens angesichts einer deprimierenden Gegenwart – die ›Nürnberger Gesetze‹ waren kurz zuvor erlassen worden – und einer dunklen Zukunft. Ein paar Sätze seien daraus zitiert: »Das jüdische Bürgertum ... ist nur noch in einzelnen Vertretern, aber nicht mehr in seiner Gesamtheit das jüdische Bürgertum von einst. Es ist heute in einem Zustande der Auflösung, in einer Gegenwart ohne Zukunft. Das bürgerliche Ideal der individuellen Bildung hat keine Verwirklichungsmöglichkeit mehr, weil ihm die wirtschaftliche Grundlage fehlt. Die Schule aber kann nicht ›Bildung ins Leere hinein‹ vermitteln – Bildung ohne Bewährung im Leben gibt es nicht. Leben heißt Einsatz in einer Gemeinschaft, jedoch in einer bestimmten und bestimmbaren Gemeinschaft. Deshalb muß die jüdische Schule ein bestimmtes, ein eindeutiges Erziehungsziel haben, und dieses Erziehungsziel kann nur Eingliederung der Jugend in eine neue jüdische Gemeinschaft sein ... Die Zeit der Väter ist dahin. Die Zeit der Söhne ist noch nicht gekommen. Wir sind die Mittler zwischen diesen Zeiten. Und dieses Amt fordert den ganzen Menschen. Warten wir nicht mehr, beginnen wir mit der Arbeit. Es nutzt uns nichts, die Zeichen des Heute zu sehen, die Not des Heute zu spüren; es sei denn, daß wir das Werk des Morgen beginnen!«[24]

Es war Dr. Herz gelungen, und dieses wird übereinstimmend von allen noch lebenden Zeitzeugen immer wieder bestätigt, ein ausgezeichnetes kleines Lehrerteam nach Düsseldorf zu holen. Es gab Erzieher, die wie Julius Kleinmann und Grete Eichelberg der Orthodoxie angehörten. Sie hatten ihre Ausbildung in Würzburg an der ›Israelitischen Lehrerbildungsanstalt‹ erhalten. Andere Kollegen hatten anfangs jüdischem Leben, jüdischer Tradition und Religion nicht nahegestanden. Doch in der freundschaftlichen Atmosphäre dieser solidarischen Schulgemeinschaft ergänzten sich alle. Der unterschiedliche soziale und religiöse Hintergrund der Lehrer entsprach ja auch dem der Schüler.

Für viele jüdische Kinder war der Wechsel zur Jüdischen Schule eine Erlösung, für manche wird er aber auch eine nicht leicht zu verkraftende Veränderung, ja, ein Schock gewesen sein. Hannele Zürndorfer beispielsweise beschreibt in ihrem Buch über ihre Kindheit in Düsseldorf und Jugendjahre in England die zwei Jahre, die sie auf der Jüdischen Schule verbrachte, eher skeptisch. Die Probleme, die der lange Schulweg von über einer Stunde mit sich brachte, konnte die Zehnjährige noch recht gut meistern.

»Ich empfand den Schulwechsel als große Veränderung. Zunächst waren die Kinder so ganz anders. Es waren jüdische Kinder, sprunghaft und mit glänzenden Augen; die Disziplin war recht locker. Manche Kinder waren aufdringlich und frech, und der Konkurrenzgeist war stark. Die Atmosphäre war viel weniger förmlich als an den deutschen staatlichen Schulen. Und der Brauch bescheidener Zurückhaltung schien vergessen. Die Kinder platzten ungeduldig mit ihren Antworten heraus und verstanden es, sich durchzusetzen. Sie waren intelligent und ehrgeizig. Und da die älteren wußten, daß dieses ihre letzte Möglichkeit war,

*sich für eine sehr feindliche Welt zu rüsten, bemühten sie sich sehr darum, soviel wie möglich in sich aufzunehmen. Anstelle der harmlosen Spielereien und der sonst auf Schulen üblichen Zeitverschwendung herrschte hier eine Atmosphäre größter Dringlichkeit. [. . .] Ich erinnere die Jahre an dieser Schule kaum. Ich hatte das Gefühl, nie richtig dazuzugehören. Es herrschte eine beklemmende, unruhige Stimmung, eine Atmosphäre der Unbeständigkeit. Obwohl Englisch und Mathematik zum Stundenplan gehörten, kamen mir diese Fächer ganz neu vor, als ich diese später in England hatte. Es war, als ob alles, was ich während dieser zwei Jahre gelernt hatte, in meinem Kopf wie ausgelöscht wäre. Wahrscheinlich habe ich dieses alles − zusammen mit anderen Erinnerungen − ausgewischt, verdrängt.«*²⁵

Unbestritten ist freilich, wie sehr manche Kinder auf den nichtjüdischen Schulen litten und »Schaden an ihrer Entwicklung« zu nehmen drohten.²⁶ Oft waren es ja gerade sie, die darauf bestanden, ihre alten Schulen zu verlassen, während die Eltern noch vom Sinn einer ›ordentlichen‹ und ›normalen‹ Schulausbildung überzeugt waren. Aber die Erwachsenen − dies trifft auf Väter wohl eher zu als auf Mütter − waren nicht in dem Maße den ideologischen Verformungen des Alltagslebens ausgesetzt wie gerade die Kinder, die zudem meist nicht über die Verdrängungstechniken der Eltern verfügten.

Die Kinder waren viel unmittelbarer auf der Straße und in der Schule konfrontiert mit Demütigungen, Schikanen und Zurückweisungen. Über diese Erfahrungen berichtet Hannele Zürndorfer:

»Zuerst merkte ich nur, daß ich beim Spielen auf der Straße unerwünschter geworden war. Dann zeigten manche Kinder mir gegenüber offene Feindseligkeit. Sie neckten und verhöhnten mich. Sie schubsten mich weg, wenn ich auf meinen Rollschuhen auf der Straße war. Ich mochte nicht länger zum Spielen rausgehen. . . . Ich erinnere mich, daß ich einmal mit den Rollschuhen draußen war und wieder hinein ins Haus wollte. Eine Traube von Jungen und Mädchen, manche waren meine Spielkameraden gewesen, manche kannte ich gar nicht, saß auf der Treppe unseres Hauses und verbarrikadierte mir den Weg. Sie sagten

nichts, sahen mich nur an, herausfordernd-spöttisch und abwartend. Mich überkam ein Gefühl vollständiger Hilflosigkeit. Aber ich wollte nicht, daß sie mich weinen oder nach der Mutter rufen sähen. Erst als der Bewohner der oberen Wohnung nach Hause kam, gelang es mir, mich mit ihm ins Haus zu schlängeln. Ich war so aufgeregt und vollkommen verängstigt.

*Geschehnisse dieser Art nahmen immer mehr zu. Eltern, die keine aktiven Nazis, ja ›heimlich‹ dagegen waren, hielten ihre Kinder ohne Zweifel dazu an, das alles nicht mitzumachen. Aber sie sollten sich raushalten. War es doch unklug, Juden gegenüber Sympathiebeweise an den Tag zu legen. Manche kamen und erklärten meinen Eltern gegenüber, wie schrecklich sie das alles fänden. Aber, so meinten sie, in der Öffentlichkeit müßten sie zurückhaltend sein.«*²⁷

Es setzte ein solcher Ansturm auf die Schule ein, daß die veranschlagte Zahl von 160 Schülern um 90 überschritten wurde. Der aufgestellte Etat war über den Haufen geworfen. Es fehlte an Räumen, an Lehrern. Um dem abzuhelfen, zog Rabbiner Dr. Max Eschelbacher aus seiner vertrauten und geräumigen Wohnung aus, in der er seit 1911, als er als Nachfolger von Leo Baeck nach Düsseldorf gekommen war, mit seiner Frau und seinen vier Kindern gewohnt hatte. Aus den Räumen der Wohnung wurden nun Klassenzimmer. Rabbiner Eschelbacher bezog eine Wohnung in der Haroldstraße 1, die in Adolf-Hitler-Straße umbenannt worden war. Wieviel Überwindung muß es das Oberhaupt der Düsseldorfer Jüdischen Gemeinde gekostet haben, diese Adresse ständig benutzen zu müssen!

Die Schule füllte inzwischen fast das ganze Gebäude. Im Keller wurde Werkunterricht erteilt, im letzten Jahr von Werner Weiss, einem der Düsseldorfer Führer des zionistisch orientierten Jugendbundes ›Habonim, noar chaluzi‹. Er lebt heute in Hasorea, Israel. »Infolge plötzlicher Verkleinerung der Schule«, so schrieb ihm Dr. Herz in sein Abgangszeugnis nach dem Novemberpogrom 1938, »konnte Herr Weiss bedauerlicherweise nicht länger beschäftigt werden.«²⁸

Im Keller wurde auch − von Frau Gony Katzenstein − Kochunterricht erteilt, und zwar nicht nur für die jungen Mädchen der Schule, sondern auch für alle diejenigen, die infolge von Verarmung und des Verbots, nichtjüdische Hausangestellte unter fünfundvierzig Jahren zu beschäftigen, nun ohne Dienstmädchen auskommen mußten.[29]

Im Herbst 1935 kam mit Kurt Bergel ein junger Lehrer an die Schule, der sehr schnell die Herzen und die Zuneigung seiner Schüler gewann. Kurt Bergel, 1911 in Frankfurt am Main geboren, hatte in Frankfurt und Berlin studiert. Er brachte die reichen Erfahrungen mit, die er am jüdischen Landschulheim in Herrlingen und während seiner Tätigkeit in Zusammenarbeit mit Martin Buber am Jüdischen Lehrhaus in Frankfurt (1934–1935) gewonnen hatte. Er, wie auch Dr. Herz, hatte sich schon publizistisch in jüdischen Zeitschriften mit Problemen des Judentums und der jüdischen Erziehung auseinandergesetzt. Es ging Kurt Bergel darum, als Antwort auf die nationalsozialistische Machtübernahme eine jüdische Stellung jenseits von Liberalismus und Orthodoxie zu formulieren und daraus pädagogische Folgerungen zu ziehen.

Nichts könnte über die Atmosphäre der Düsseldorfer Jüdischen Schule und die Methoden und Unterrichtsinhalte besser Auskunft geben als Professor Bergels Erinnerungen, die, leicht gekürzt, im folgenden zitiert werden sollen.[30]

»In den Jahren der Konsolidierung der nationalsozialistischen Herrschaft litten jüdische Kinder in deutschen Schulen mehr und mehr unter dem offiziell geförderten Antisemitismus. Eltern, die sich kulturell als Deutsche fühlten und daher ihre Kinder früher nie in eine jüdische Schule geschickt hätten, suchten jetzt für diese Kinder den körperlichen und seelischen Schutz einer jüdischen Schule ...

Die verantwortlichen Leiter der Gemeinde, Männer wie Felsenthal und Franken, bewiesen ein ausgezeichnetes Urteil, als sie Dr. Kurt Herz als Direktor ihrer neuen Schule beriefen. Herz war in Berlin Lehrer gewesen, doch erwies er sich in Düsseldorf als ausgezeichneter Schulleiter, der in kurzer Zeit eine Gruppe meist junger, erzieherisch fortschrittlicher Lehrer und Lehrerinnen zusammenbrachte, die der Schule mit Hingabe dienten. Fast alle 1935 eingestellten Lehr-

kräfte waren auch im November 1938, als die Nazis Synagoge und Schule in Brand steckten, noch an der Schule tätig: die Herren Bergel, Kleinmann und Schnook, die Damen Eichelberg, Friedländer, Herz, Nussbaum und Strauss und für Spezialfächer der Maler Julo Levin, der Musiker Erwin Palm und Frau Katzenstein für Haushaltung.[31]

Dr. Herz war eine demokratisch gesinnte Persönlichkeit; er entwickelte die Loyalität seiner Lehrer, indem er ihnen sein Vertrauen schenkte und ihnen ein weites Maß von Freiheit gewährte. Dies allein schon war ein Akt des unausgesprochenen Protestes in einem Land, in dem das ›Führerprinzip‹ sich überall durchsetzte. Das gleiche galt von dem Geist, der in der Klasse herrschte; es war der der Arbeitsschule, wie er in der Weimarer Republik entwickelt worden war. Was immer um uns herum geschah, unsere Schule sollte keinem Kasernenhof gleichen. Respekt nur um des Respekts willen gab es in unserer Schule nicht.

Lehrer und Schüler lachten viel miteinander, denn in ernster Zeit war Humor eine besonders notwendige Medizin für die so gefährdete seelische Gesundheit unserer Kinder. In einem Brief, den meine Klasse mir nach Palästina schrieb, wohin ich im März und April 1936 eine Studienreise machte, heißt es: ›Wir wollen Sie nicht gleich mit unserer brennenden Neugierde überfallen, denn Sie werden uns ja doch nicht alles schildern, da die vielen neuen Eindrücke Sie sicher überwältigt haben. So wollen wir Ihnen von uns, Ihren Sorgenkindern, erzählen.‹ Es folgt dann eine ausführliche Beschreibung einer bunten Purim-Maskerade: ›In der ersten Nummer fand ein allgemeines ›durch den Kakaoziehen‹ der Lehrer statt. Mit Ihnen, lieber Herr Bergel, verfuhr man ziemlich gelinde, da man einen ja nicht hinter dem Rücken schlechtmachen soll. Trotzdem mußte Ihr vielgerühmter Martin Buber dran glauben ... Wir freuen uns auf die schlechten Zeugnisse und die kurzen Ferien ... P. S. Wir erwarten Sie sehnlichst.‹

Wer die autoritäre deutsche Schule jener Zeit kennt, spürt in diesem Brief den so ganz anderen Ton ...

Eine jüdische Schule jener Tage mußte natürlich die Kinder für die Auswanderung vorbereiten. Dies Ziel

34 *Schüler und Lehrer der Privaten Jüdischen Volksschule in Düsseldorf* (Foto aus dem Besitz von Kurt Bergel)

beeinflußte den Lehrplan in mancher Richtung. Englisch und Hebräisch waren Pflichtfächer. Geographie wurde ›Landeskunde‹ mit Betonung der Länder, die damals für die Auswanderung in Frage kamen: das noch britische Mandatsland Palästina, die Staaten Nord- und Südamerikas, Australien und Neuseeland. Auch praktische Kurse, wie z. B. Haushaltung, wurden gegeben.

Die Lehrer an der neuen jüdischen Schule waren sich darüber einig, daß — als Antwort auf die Judenfeindlichkeit, die von allen Seiten her die Kinder bedrohte — sie die Verpflichtung hatten, jüdische

Werte hochzuhalten — nicht in chauvinistisch-blinder Selbstbehauptung, gewiß nicht mit Fanatismus, sondern um den Kindern das Gute und Edle in der jüdischen Tradition nahezubringen. Die Schule sollte nicht nur eine Schule für jüdische Kinder, sondern eine jüdische Schule sein.

Die Lehrer stimmten darin überein, daß jüdische Geschichte und Judentumskunde, Palästinakunde und Hebräisch in den Lehrplan gehörten, aber sie hatten sehr verschiedene Vorstellungen von dem, was Judentum war. Religiös gesehen gab es da alle Schattierungen von Orthodoxie bis zur Agnostik; es gab Zionisten verschiedener Färbung und Nicht-Zionisten. Die Schüler waren natürlich ebenso wenig homogen: die verschiedenen Ideologien repräsentierten meist verschiedene soziale Schichten: das mittlere deutsch-jüdische Bürgertum war meist religiös liberal und nahm den Zionismus nur langsam oder gar nicht an, das ostjüdische Kleinbürgertum und Proletariat war meist orthodox und zionistisch.

Lehrer aus unjüdischen Häusern, Studienräte und -assessoren, die jahrelang im öffentlichen Dienst gestanden und nun ihre Stellung verloren hatten, waren meist weniger im Jüdischen verwurzelt als Lehrer, die aus jüdischen Lehrerausbildungsstätten kamen. Einige der Düsseldorfer Lehrer machten große Anstrengungen, ihre jüdischen Bildungslücken, besonders im modernen Hebräisch, zu füllen; sie ließen jahrelang einen hebräischen Lehrer einmal die Woche von Essen nach Düsseldorf kommen, um sich von ihm bei ihren sprachlichen Studien helfen zu lassen. Einige Lehrer hatten Verbindung mit der zionistischen Jugendbewegung, was sowohl ihrem Unterricht in Palästinakunde wie auch ihrem persönlichen Kontakt mit den Kindern zugute kam.

Das Gefühl der Zusammengehörigkeit von Schülern miteinander und mit den Lehrern war außerordentlich stark. Ich bewahre noch heute Briefe auf, die dies Gefühl ausdrücken. Da schreibt z. B. Margot Cohn, die nach Berlin übergesiedelt war, am 19. Juli 1938: ›Kommen noch manchmal Jungen und Mädels aus meiner Klasse zu Besuch in die Schule? Wie glücklich würde ich sein, doch noch einmal jeden wiedersehen zu können. Wenn ich unser Klassenbild begucke, möchte ich am liebsten jedem Leben einhauchen und 5 Minuten mit jedem reden.‹ Dieselbe Schülerin vergleicht die Schulen in Düsseldorf und Berlin und schreibt: ›Meiner Meinung nach ist es nicht leicht, unsere (d. h. die Düsseldorfer) Schule zu verlassen, da sie ja etwas Besonderes ist.‹ Sie spricht von einem Lehrer an der Schule in Berlin; er ist ›der einzige, der mir gefällt von den Lehrern und mich an die Lehrer und Lehrerinnen in Düsseldorf erinnert‹. In einem Brief an ›ihre‹ Klasse schreibt sie: ›Wer weiß, ob es solch eine kameradschaftliche Klasse noch ein zweites Mal gibt.‹

Dies Gemeinschaftsgefühl wurde besonders durch gelegentliche Aufenthalte von Klassen im Bröhltalhaus gestärkt, wo die Kinder, die in der Kasernenstraße auch nicht ein kleines Fleckchen grüner Erde hatten . . . wenigstens ein paar Tage in der Natur verbringen konnten. Für einige mochte es das einzige Erleben der Natur während ihrer ganzen Kindheit gewesen sein.

Seitdem Anfang November 1938 ein siebzehnjähriger Junge einen deutschen Diplomaten in Paris erschossen hatte, erwarteten die Juden einen Racheakt der Nazis. Trotzdem waren wir ganz unvorbereitet auf den Pogrom, der uns am 10. November allen, wie keine ›Aktion‹ seit 1933, zeigte, daß die Ausrottung unseres Volkes in Deutschland nun ernstlich begonnen hatte. An diesem Morgen begab ich mich wie an jedem Tag von meiner Wohnung in die Schule und sah zu meinem Entsetzen die Synagoge und die Schule in Flammen aufgehen. Die Feuerwehr schützte die Gebäude der Nachbarschaft, löschte aber den Brand in den jüdischen nicht. Tausende von Menschen standen in den Straßen, doch ich sah niemanden hämisch grinsen oder durch Wort und Miene seiner Befriedigung Ausdruck geben.

Ich ging in die Amtsräume des Schulleiters; sie waren völlig zerstört; zersplittertes Glas, zerbrochene Gegenstände, Bücher und umgestürzte Regale bedeckten chaotisch die Fußböden, ein Bild sinnlosen und brutalen Vernichtungswillens. Frau Herz sagte mir zitternd, daß uniformierte Nazis kurz vorher das alles angerichtet und ihren Mann festgenommen und abgeführt hätten. Sie wußte auch, daß andere jüdi-

sche Männer in Lastwagen abgeholt worden waren. Da beschloß ich, mit meiner Frau (ich hatte zweieinhalb Monate vorher geheiratet) in Köln unterzutauchen . . .

Die Schule, so wie ich sie kannte und liebte, endete mit der ›Kristallnacht‹. Chaos im jüdischen Leben folgte, intensivierte Auswanderung der einen und Verzweiflung derjenigen, die nicht auswandern konnten, weil sich die Tore zu anderen Ländern mehr und mehr schlossen. Herr Kurt Schnook wurde der Leiter einer sehr verkleinerten Schule. Eine Atmosphäre der Depression spürt man in den paar Briefen, die er mir nach England und dann in die Vereinigten Staaten schrieb. Nach seinen Angaben hatte die Schule im März 1941 noch 52 Schüler, von denen 11, d. h. das gesamte achte und neunte Schuljahr, zu Ostern abgingen. Das war die Schule, die noch wenige Jahre zuvor fast 400 Schüler gehabt hatte . . .

Wenn ich die noch erhaltenen Briefe meiner Schüler durchsehe, so ist wohl der erschütterndste ein Brief, der mich indirekt via Palästina während des Krieges — wir lebten bereits als Professoren an einem amerikanischen College — erreichte. Melanie Lezerkiewicz war ein besonders feinfühliges und intelligentes Mädchen. Sie schrieb am 5. September 1941: ›Ich bin in Neumarkt im Dunajic-Distrikt Krakau. Ich habe leider bis jetzt nichts lernen können. Gebe deutsche Lektionen und helfe so meinen Eltern, den Kampf ums tägliche Brot zu erleichtern. Mein Vater arbeitet. Meine Mutter ist leidend. Meiner Schwester fehlt auch viel.‹ An einer anderen Stelle dieses Briefes schreibt sie: ›Je größer die Entfernung und je weiter die Zeit meiner schönen sonnigen Kindheit zurückliegt, desto größer wird meine Sehnsucht nach meinen Lehrern und [den] mir damals so nahestehenden, mich verstehenden Menschen . . . So oft denke ich an Sie, an den einzigen Menschen, der mich von Grund meiner Seele, meines Herzens und meines Geistes [kannte] und sich in mich vertiefen konnte, sowie in mich als auch in jeden anderen unserer so innigen Klassengemeinschaft.‹

Wenn ich diese Worte eines so stark und rein empfindenden jungen Mädchens lese, frage ich mich, wie Melanies Leben wohl geendet hat.[32] Es kann ja nur eine schreckliche Variante des kollektiven Schreckens gewesen sein. Die arme Melanie wußte nicht, wie nahe Neumarkt bei Auschwitz und Birkenau lag und was diese Orte bald, nachdem sie diesen Brief geschrieben hatte, bedeuten sollten. Wie Anne Frank sah auch Melanie mit dem Optimismus ihrer jungen Jahre das Schöne, das sie erlebt hatte, während um sie herum die Menschen − nicht nur die Juden − zu Dingen entwürdigt und Jungen und Mädchen um ihr ungelebtes Leben betrogen wurden.

Im Januar 1982 besuchten meine Frau und ich Israel. Unter den vielen Freunden, die wir wiedersahen, waren auch zwei frühere meiner Düsseldorfer Schüler. Ich übersetze aus meinem englisch geschriebenen Tagebuch: David Ariel (früher Kurt Lion) und Schmuel Tamir (früher Günther Heymann) . . . besuchten uns in Tel Aviv. David machte eine Bemerkung, die mir mehr bedeutete, als er ahnen konnte. Ganz spontan sagte er, die (Düsseldorfer) Schule im allgemeinen und ich im besonderen hätten damals für ihn und die anderen Kinder eine Atmosphäre verhältnismäßiger Sicherheit inmitten einer für ihre Familien zerfallenden Welt geschaffen und ihnen damit Richtung und Hoffnung für eine sehr unsichere Zukunft gegeben . . . Schmuel stimmte ihm bei.

In dieser Schule machten Lehrer und Kinder aus der Not unserer tagtäglichen Gefährdung die Tugend des Durchhaltens. Wir Lehrer beantworteten die Gefahr der seelischen Erkrankung, die jeder Ghettoexistenz eigen ist, mit dem Willen, unsere Kinder unbeschädigt in ein freies Leben hinüber zu retten. Das pädagogische Unternehmen mußte unter dem Druck der Umstände auch zu einem therapeutischen werden.

Schulen wie die der Synagogengemeinde Düsseldorf waren Inseln zeitweiliger jüdischer Kulturautonomie und einer objektiv fragwürdigen, aber subjektiv, d. h. für die individuellen Jungen und Mädchen, wichtigen Sicherheit, die die Brandung des Nationalsozialismus immer stärker bedrohte, bis sie sie nach dreieinhalb Jahren fast völlig überflutete. So endete ein schnell improvisiertes, mit Hingabe durchgeführtes, kurz aufblühendes, doch zu früh zerstörtes erzieherisches

Unternehmen. Zusammen mit dem ›Jüdischen Kulturbund‹ war es der kulturelle Schwanengesang des Judentums in Deutschland.«

Die Jüdische Schule unterstand der Aufsicht der städtischen Schulbehörde. Die Stadt zahlte auch die Lehrergehälter.[33] Der Oberschulrat, so erinnert sich Dr. Herz, war ein »außerordentlich anständiger« Mann, der offensichtlich den mit Schwierigkeiten aller Art überhäuften Pädagogen keine zusätzlichen bereitete.[34]

Manchmal saß er bei Visitationen still im Unterricht − hinten in der Klasse. An den Namen konnte sich Dr. Herz nicht mehr erinnern. Es muß sich aber um Stadtoberschulrat Dr. Johannes Schmitz handeln, der im Februar 1939 starb. Möglicherweise hielt er sich auch bei den Besuchen in der Jüdischen Schule an seine Maxime: »Ich habe es stets als peinlich empfunden, wenn ich in eine Klasse kam, deren Lehrerin bei meinem Anblick erbleichte. Die seelenlose Grandezza eines unnahbaren Vorgesetzten hat mir nie gelegen.«[35]

Man kann an dem Platz, den dieser Oberschulrat in der Erinnerung des ehemaligen Direktors der Schule hat behaupten können, folgende, häufiger zu machende Beobachtung knüpfen: Das Selbstverständliche hatte seine Umkehrung ins Außergewöhnliche erfahren. Das normale, anständige Verhalten innerhalb des Unrechtsystems (das man nicht mit einem Akt des Widerstandes gleichsetzen sollte) konnte sich im Gedächtnis jüdischer Menschen als das Besondere, das Unerwartete festsetzen.

Zu Ostern 1936 war die Schülerzahl auf 400 angewachsen, und man bemühte sich nun um den Ausbau des Dachbodens. Anfang 1937 wurde ein 9. und 10. Schuljahr eingerichtet. Kurt Herz begründete dieses mit dem im folgenden wiedergegebenen Artikel in der ›Gemeindezeitung‹.[36] Freilich muß man zwischen den Zeilen lesen können, um zu ermessen, wie schwierig es war, der Jugend im Niemandsland zwischen den Polen einer immer feindseliger werdenden deutschen Umwelt und der unsicheren und oft kaum zu erreichenden Welt der Auswanderungsländer eine sinnvolle Schul- und Berufsausbildung zu vermitteln:

»Die Frage der Berufswahl *ist für die jüdischen Jugendlichen jetzt schwieriger denn je; denn eine große Zahl von Berufen ist ihnen heute verschlossen oder hat für ihre Lebensgestaltung keine Bedeutung mehr. Hier ist es Aufgabe der Schule, Eltern und Jugendliche bei ihrer Entscheidung zu unterstützen.*

Die Zahl der Lehrstellen ist nicht groß; andere Ausbildungsmöglichkeiten erfordern eine längere Schulvorbereitung *als die achtklassige Volksschule. So verlangen zahlreiche Mädchenberufe (Kindergärtnerin, technische Lehrerin usw.) einen zehnjährigen Schulbesuch. Die Mittleren-Hachscharah setzt in der Regel ein Alter von 15 Jahren voraus.*

Deshalb ist es notwendig, die jüdische Schule heute auszubauen, *um die Schüler bereits innerhalb des Schulunterrichtes für den Beruf vorzubereiten.*

Dem dient die Einrichtung des 9. und 10. Schuljahres. Das neunte Schuljahr soll durch die Vielseitigkeit seiner Unterrichtsfächer unseren Jugendlichen die Berufswahl erleichtern, denn gerade hier können sie feststellen, ob und für welche praktischen Berufe sie sich eignen. Es vermittelt ihnen neben der sonstigen Fortbildung diejenigen praktischen Fertigkeiten, die heute jeder jüdische Jugendliche für das Leben braucht.

Das zehnte Schuljahr ist vor allem für diejenigen Schüler gedacht, die für eine weitere theoretische Ausbildung befähigt sind. Besonderer Wert wird hier auf die sprachliche Ausbildung *gelegt. Der praktische Unterricht wird in dem allgemein üblichen Maße erteilt.*

Nach diesen Gesichtspunkten ist an unserer Schule der Unterricht folgendermaßen gestaltet:

9. Schuljahr
I. Theoretischer Unterricht
1. Judentumskunde *(Hebräisch und Bibelkunde, allgemeine und jüdische Geschichte, Palästinakunde und jüdische Gegenwartskunde).*
2. Allgemeine Kulturfächer *(Deutsche Literatur, Stilkunde, Kunstbetrachtung und Zeichnen, Musik, Erdkunde, Wirtschaftskunde).*
3. Fremdsprachen *(Englisch, Französisch).*
4. Mathematisch-naturwissenschaftliche Fächer *(Kaufmännisches Rechnen und Mathematik, Naturlehre und Gesundheitslehre).*
5. Stenographie und Maschinenschreiben *(fakultativ).*

II. Praktischer Unterricht
1. Werkunterricht *für Knaben (Holz- u. Metallarbeiten).*
2. Nadelarbeit *für Mädchen (Einführung in das Schneidern), ferner* Werkarbeiten *(Papp- und leichte Holzarbeiten).*
3. Hauswirtschaftlicher Unterricht *für Knaben und Mädchen (Kochen, Materialkunde, Hausarbeit).*
4. Gartenbau *für Knaben und Mädchen.*

III. Leibesübungen

10. Schuljahr
1. Judentumskunde *(Hebräisch, Bibelkunde. Allgemeine und jüdische Geschichte. Palästinakunde und jüdische Gegenwartskunde).*
2. Kulturkundliche Fächer *(Deutsche Literatur, Stilkunde, Erdkunde und Wirtschaftskunde).*
3. Fremdsprachen *(Englisch und englische Handelskorrespondenz. Französisch und französische Handelskorrespondenz. Spanisch und spanische Handelskorrespondenz [fakultativ]).*
4. Mathematisch-naturwissenschaftliche Fächer *(Mathematik-Algebra und -Geometrie, Naturlehre, Biologie).*
5. Praktische Fächer *(Zeichnen und Kunstbetrachtung. Werkunterricht und Nadelarbeit).*
6. Musik *(Singen, Musiktheorie und Musikgeschichte).*
7. Leibesübungen.«

Zwei Monate später wurden in einem Artikel noch einmal diese fast unlösbaren Probleme erörtert. Man sieht eines sehr deutlich: Hier sprachen verantwortungsbewußte, zutiefst bekümmerte Liquidatoren der jüdischen Gemeinschaft:

»*Über allen berufspolitischen Maßnahmen steht immer deutlicher und immer ausdrücklicher die Aufgabe, unsere Jugend im Zeitraum ihres 14. und*

18. *Lebensjahres* auswanderungsreif *zu machen. Hiernach muß sich die Planung für diesen Zeitraum richten. Wir wissen, daß diese Jugend keine Möglichkeit haben wird, sich auch nur während dieser Zeit in irgendeiner Weise beruflich in Deutschland einzuordnen. So steht dem Wunsche, aus finanziellen Gründen die Ausbildung möglichst abzukürzen, die Notwendigkeit gegenüber, den Zeitraum dieser vier Lebensjahre sinnvoll auszunutzen. Es besteht der tragische Widerspruch, daß die jüdische Gemeinschaft in Deutschland, je ärmer sie wird, je mehr sich ihr Lebensraum verengt, desto mehr Aufwendungen machen muß, um ihre Jugend in dem Zeitraum vom 14. bis zum 18. Lebensjahr zu versorgen.*

Dabei taucht die Zweifelsfrage auf, wie lange es möglich sein wird, daß die jüdische Gesellschaft in Deutschland unter Einbeziehung der Hilfe unserer ausländischen Freunde das wichtigste Grundrecht der Jugend erfüllen kann, ihr eine angemessene Berufsausbildung zu geben. (. . .)«[37]

Ein besonderes psychologisches und organisatorisches Problem lag in der starken Fluktuation der Schüler und − letztlich − auch der Lehrer. Kaum war man untereinander vertraut, verlor man Freunde, Gefährten, auch Lehrer − durch Wegzug, durch Auswanderung oder durch Überwechseln in die Mittleren-Hachscharoth, die jüdischen kollektiven Ausbildungsstätten im In- und Ausland.[38] Auch nahm die Schülerzahl ständig zu − aus kleineren Gemeinden, in denen es keine Schule gab. Es kamen auch zunehmend Kinder mit einem nichtjüdischen Elternteil, was zusätzliche Probleme schuf, für die Kinder selbst, für die Angehörigen und für ihre Lehrer.[39] Um so intensiver bemühten sich die Lehrer um eine enge Zusammenarbeit zwischen Lehrern, Eltern und Schülern.

Wie ein roter Faden zieht sich durch das Leben der unter dem Druck der Verhältnisse frühreifen Schüler die Auswanderung. »Die Hauptsache ist: aus diesem Land heraus.« So schrieb ein Schüler − auf einer Hamburger jüdischen Schule − im Aufsatz zum Thema ›In Deiner Brust sind Deines Schicksals Sterne‹ (Schiller).[40] Und so diskutierten

diese Kinder fortwährend und sehr ernst über die Möglichkeiten von Jugendalija, Hachschara, Kindertransporten und − vor allem − über alle möglichen Auswanderungsziele, Immigrationsquoten und Affidavitprozeduren.[41]

Die Jugendlichen waren fast ständig konfrontiert mit der Rat- und Hilflosigkeit, mit der Verzweiflung und Resignation ihrer Angehörigen. Oft stand zudem die Trennung von den Eltern bevor.

In der Schule konnte man dieser bedrückenden Atmosphäre für einige Zeit entrinnen. »Wo immer diese Kinder zusammentreffen und zur Gruppe werden, gibt es Lärm, fieberhafte Bewegung und einen Zustand von oft hektischer Unruhe. Diese übertriebene Lebendigkeit, einem ständigen Erregungszustand nahekommend, entspricht dem unbewußten Wunsch, das Schockerlebnis zu sublimieren, die Depression der Eltern zu vergessen und nicht zur Besinnung zu kommen.«[42]

Im Oktober 1937 fand in Düsseldorf eine der damals häufiger veranstalteten Lehrerfortbildungstagungen statt. Mit welchem Ernst, mit welchem Engagement die Lehrer sich der Probleme angenommen hatten, ersieht man aus dem knappen Bericht im ›Gemeindeblatt‹ vom 23. Oktober 1937, in dem − wie immer in diesen Jahren − das meiste nicht ausgesprochen werden kann: »Zuzug und Abwanderung bewirken naturgemäß starke Schwankungen. Die Schwere unseres Schicksals, zu Hause von den Kindern stark empfunden − die großen Unterschiede des häuslichen Milieus − verschiedenartige Erziehung − noch häufig anzutreffende unzeitgemäße pädagogische Ansichten des Elternhauses − differierende Begabung −, das alles erschwert die Schularbeit.«

Aus Anlaß dieser Tagung hatte man in der Schule auch eine Ausstellung von Schülerarbeiten zusammengestellt: handwerkliche und Nadelarbeiten, auch die Resultate des Kochunterrichtes und eben die Zeichnungen. Im ›Gemeindeblatt‹ vom 23. Oktober 1937 steht: »Die zeichnerischen Arbeiten fanden weniger Anklang; ganz vermißt wurde das Arbeiten nach der Natur: Blume − Vogel − Frucht etc., auch perspektivische Anleitung war nicht erkennbar, doch mag vieles nicht ausgestellt gewesen sein.«

Diese ziemlich herbe Kritik mag Julo Levin bewogen haben, seine Vorstellungen bezüglich dessen, was er den Kindern im Zeichenunterricht zu vermitteln versuchte, einem größeren Kreis nahezubringen.[43] In der Gemeindezeitung stand folgender Hinweis:

»*Private Jüdische Volksschule*

Ausstellung von Schülerarbeiten mit Einführungs-Vortrag.
Am Sonntag, 21. November in der Zeit von 11–13 und von 15–17½ Uhr stellt die Jüdische Schule Arbeiten aus dem Kunst-, Werk-, Nadelarbeits- und Kochunterricht im Schulgebäude, Kasernenstr. 67 aus. Einführend spricht vormittags 11 Uhr Herr Julo Levin über ›Kunstunterricht in der Schule‹.
Die Eltern der Schüler und die Freunde der Schule sind zu dieser Veranstaltung herzlich eingeladen.«

Ob es ihm gelang? War diese Kritik mit ein Grund, Düsseldorf zu verlassen und nach Berlin zu gehen? War es die Außenseiterposition, in der er sich offensichtlich an dieser Schule befand? Den Erinnerungen von Professor Bergel nach verbanden ihn zu anderen Lehrern so gut wie keine persönlichen Beziehungen. »Ich hatte das Gefühl, daß er sich in einer jüdischen Schule nicht wirklich wohl fühlte, weil das Jüdische ihm wohl fremd war – oder schien. Ich kann mich da irren. Aber da Levin *nur* Kunstlehrer war, stand er ein wenig an der Peripherie der Schule. Die Schule war für ihn nicht (wie für die Mehrzahl der Lehrer) der Mittelpunkt des Lebens. Das war wohl seine Kunst für ihn. Ich glaube, er war nicht primär *Lehrer*, sondern *Künstler*, was nicht bedeutet, daß er nicht ein guter Lehrer war.«[44]

Die letzte Lehrerfortbildungstagung überhaupt fand ein Jahr später, im August 1938, wieder in Düsseldorf statt. Zur selben Zeit erschien in Berlin,

herausgegeben von dem Pädagogen Heinemann Stern, als Ergebnis aller dieser theoretischen Überlegungen und praktischen Arbeit das Buch ›Didaktik der jüdischen Schule‹. In diesem Werk findet sich auch ein Beitrag von Dr. Beatrice Strauß über das 9. Schuljahr der Mädchen. Dr. Strauß hatte, als Diplomhandelslehrerin, bis zu ihrem Wechsel an die Jüdische Schule in Essen an der Jüdischen Schule in Düsseldorf unterrichtet. Sie wurde später von Essen aus deportiert und ermordet. Gleichsam als Vermächtnis sei ihr energisches Plädoyer für eine Ausbildung der Mädchen – als Voraussetzung der Auswanderung – zitiert:[45]

»Die Schwierigkeiten der männlichen Jugend werden heute von den jüdischen Jugendlichen selbst, von ihren Eltern und allen an ihrer Ausbildung interessierten Organisationen ohne weiteres erkannt und zugegeben. Viel schwieriger erscheint aber vielfach die Erkenntnis hinsichtlich der weiblichen Jugend, und das aus einem gesellschaftlichen Grund, der einmal ganz klar ausgesprochen werden muß: nämlich wegen der gegensätzlichen Interessen der in Deutschland lebenden älteren Generation und der nach Palästina oder in andere Länder strebenden jungen Generation. Durch das Verbot der Beschäftigung arischer weiblicher Hausangestellter unter 45 Jahren hat sich ein empfindlicher Mangel an jüdischen Hausgehilfinnen ergeben, dem man teilweise dadurch abzuhelfen sucht, daß man schulentlassene Mädchen in die Haushaltungen gibt, die froh sind, eine Hilfe, wenn auch die geringste, zu haben; zum anderen Teil nimmt man die Tochter mit vierzehn Jahren aus der Schule und ist froh, daß sie der Mutter hilft, die nicht gewöhnt ist, im Haushalt allein fertig zu werden. Wir müssen uns darüber klar sein, daß wir auch unsere Mädchen zur Auswanderung erziehen müssen; die weibliche Jugend muß dahin gehen, wohin auch die männliche Jugend geht. Wir können sie nicht aus egoistischen Gründen hier behalten, und sie läßt sich auch gar nicht hier zurückhalten . . .
Unsere Mädchen haben als zukünftige Frauen von Auswanderern oft doppelte Pflichten; sie werden nicht nur Hausfrauen und Mütter unter gänzlich veränderten wirtschaftlichen und sozialen Bedingungen sein,

sondern oft werden sie noch dazu die Ernährer der Familie sein müssen, da es in einigen Ländern viel eher Arbeitsmöglichkeiten für Frauen gibt als für Männer. Die innere und äußere Haltung der ausgewanderten Frau ist ein wesentlicher Faktor gegen das geistige und soziale Absinken bei wirtschaftlicher Not im fremden Land.

Wenn die Frau innerlich stark genug sein soll, um nicht nur ihre Haltung zu bewahren, sondern auch die Familie aufrechtzuerhalten, dann muß sie einen seelischen und geistigen Fonds haben, aus dem sie schöpfen kann. Und diesen Fonds zu schaffen, ist neben der eigentlichen Berufsausbildung die wichtigste Erziehungsaufgabe für unsere Mädchen.«

Mit Beklommenheit liest man in dem von Heinemann Stern verfaßten größeren Kapitel über den Deutschunterricht den Abschnitt ›Heimatkundliche Anschauung‹. Nicht zufällig fehlt das alte, vertraute Wort ›Heimatkunde‹. Was war die Heimat dieser Kinder?

Als Unterrichtsbeispiel für das zweite Schuljahr wird ein Spaziergang durch jüdische Wohnungen vorgeschlagen: was man da alles sehen könne . . . An keiner Stelle dieses Buches, das für sich genommen ein Denkmal großer Tapferkeit darstellt, ein Denkmal der »Bewährung im Untergang«, wird so deutlich, wie klein und eng »Heimat« geworden war.

Eigentlich gab es sie gar nicht mehr, eigentlich hatten die Nationalsozialisten diesen Kindern und ihren Eltern die Heimat bereits geraubt, noch während sie in Deutschland lebten. Was geblieben war, waren die Wohnungen und − die Synagogen. Als Unterrichtsbeispiel für das erste Schuljahr wird der Besuch der Synagoge vorgeschlagen: »Unsere Klasse besucht die nahe gelegene Synagoge. Der Raum ist leer. Ungewohnte Stille. Der Lehrer spricht; in dem leeren Tempel klingen die Worte anders als sonst. Wir setzen uns leise. Wir singen das Sch'ma. Gott hört unsere Stimme auch heute. Gott weiß, wir wollen gute Juden werden, wir wollen seine Gebote halten. Aber wir müssen noch viel lernen. Wir wollen bald Hebräisch lesen lernen. Da hängt eine Tafel mit hebräischer Schrift. Und da oben sind die Tafeln mit den zehn Geboten. Wie schön hier alles ist! Die

großen Leuchter, die feinen Decken und Vorhänge . . .«[46]

Zwei Monate nach Erscheinen dieses Buches war auch dieser Teil der »Heimat« zerstört, verloren.

Im Mai 1938 gab es in der Rheinprovinz noch 16 öffentliche jüdische Volksschulen mit 2250 Schülern jüdischer Religionszugehörigkeit. Im ›rassischen‹ Sinne waren es 7 Schüler weniger. Außerdem gab es 732 Schüler mit einem nichtjüdischen Elternteil (›jüdisch-mischblütig‹). Insgesamt besuchten damals in Deutschland ca. 14 000 Kinder jüdischer Religionszugehörigkeit und ca. 7000 Kinder mit einem nichtjüdischen Elternteil jüdische Volksschulen.[47]

Welches Kind hat sich nicht irgendwann im Laufe seiner Schulzeit sehnsüchtig gewünscht, wegen Feuer, Wasserrohrbruch oder zu dichtem Nebel nicht zur Schule zu müssen − aus schlechtem Gewissen, aus Angst vor Klassenarbeiten? Im folgenden wird, leicht gekürzt, der Bericht zitiert, mit dem Dvora Diskin in Atlit, Israel, einen Teil ihrer ungewöhnlich präzisen und lebendigen Kindheitserinnerungen preisgibt.[48] Als kleines Mädchen war sie auf die Düsseldorfer Jüdische Schule gegangen.

»Ich schreibe dieses, um das Gedenken meiner Lehrer zu ehren. Interessant, wie sich Eindrücke in meiner plötzlich unterbrochenen Kindheit im Gedächtnis scharf erhalten. Ich bin heute fast 62 Jahre alt und kann mich an meinen jüdischen Kindergarten erinnern, der auf der Grafenberger Allee war. Ich liebte meine Kindergärtnerinnen Frl. Rosa Tawrogi, Frl. Hilde Stiel und Tante Thea, die Köchin . . . Dank dieser Erziehung (des Montessori-Systems) konnte ich mit 5 Jahren Farben mischen und zeichnen, Bücher einbinden, klassische Musik hören, auswendig lernen und vorführen, nähen und stopfen und noch vieles andere. Nie wurde ein Kind geschlagen oder gestraft. Dieser herrliche Kindergarten gab mir eine breite Basis für meine weitere Bildung. Während ich mich an die Namen aller meiner jüdischen Lehrer erinnere, kann ich mich an andere Lehrernamen nicht erinnern. Nicht in Düsseldorf und nicht in Belgien, wo ich nach der Kristallnacht 1938 zur Schule ging. Ich wurde nach dem Kindergarten in die evangelische Schule in

der Helmholtzstraße eingeschult. Ich kann mich nur noch an eines erinnern: Ich bekam sehr oft mit einem Lineal Schläge auf meine Hand, weil ich nicht richtig lesen und schreiben konnte. Dieses war auch anderer Kinder Los und für mich war diese Schule eine Hölle. (Die kleine Dora kam dann Ende 1935 auf die Jüdische Schule) . . . Für mich war das eine Erlösung. Dort wurden die Kinder nie geschlagen . . . Meine Erzieherin war Frl. Dr. Nußbaum, auch Lehrerin für Englisch, Rechnen und deutsche Literatur. Herr Bergel war Lehrer für Geschichte und Geographie. Unterrabbiner Dr. Klein war Religionslehrer[49] (Oberrabbiner Dr. Eschelbacher unterrichtete nicht an der Schule). Herr Vogel war Gesang- und Musiklehrer und dirigierte auch den Chor der Synagoge und viele andere musikalische Veranstaltungen. Julo Levin war Zeichenlehrer. Ich habe alle meine verehrten Lehrer in Erinnerung. Sie sind fast alle bei den Nazis umgekommen.

Die Lehrer waren die Besten . . . Frl. Dr. Nußbaum ist mir besonders in Erinnerung. Lächelnd trainierte sie unser Gedächtnis, in Kopfrechnen. Das ging so: $2+2+4\times5+6:2=$? Dora!! Sie lächelte nur, wenn ich es nicht wußte, und fragte andere Kinder. Sie konnte jeglichen Unterricht unterbrechen, um uns Kindern plötzlich eine lange Kopfrechnung zu geben. Bis zum Ende der Schulzeit waren wir alle gute Rechner, und ich bin es bis heute. Diese Gründlichkeit im Lernen drückte sich auch in allen anderen Fächern aus. Nur Religionsunterricht hatten wir nicht gern.

Es war unter uns Kindern abgemacht: Jedes Mal sollte ein anderes Kind einen Streich im Unterricht spielen. Dieses Mal war ich an der Reihe. Ich brachte von zu Hause gemahlenen Pfeffer mit. Während Dr. Klein, mit dem Rücken zur Klasse, einen Satz an die Tafel schrieb, blies ich eine Handvoll Pfeffer in die Klasse. Wir begannen alle zu niesen und zu husten und zu lachen. Dr. Klein riß schnell die Fenster auf. Als sich alles beruhigt hatte, sagten wir, es sei uns kalt, und die Fenster wurden geschlossen. Ich bat Dr. Klein ganz unschuldig, er möge doch den vorigen Satz noch einmal an die Tafel schreiben. Wieder blies ich Pfeffer in die Klasse, und in dem Moment, als sich Dr. Klein zu mir umdrehte, bekam er eine Wolke Pfeffer ins

Gesicht und begann, wie ich und die ganze Klasse, zu niesen und zu husten. Die Klasse tobte. ›Dora rausss!!!‹ schrie Dr. Klein, und ich verließ niesend und lachend die Klasse. Vor der Tür wurde mir kalt. Ich klopfte an. ›Herein!‹ ›Ich möchte wieder brav sein‹, und platzte mit der ganzen Klasse in Lachen aus. ›Dora raus!‹ Ich stand wieder vor der Tür. Plötzlich kam Dr. Herz, der Schuldirektor. Er fragte: ›Dora, was machst du vor der Tür?‹ ›Dr. Klein hat mich rausgeschmissen.‹ Dr. Herz klopfte an. Die Tür ging plötzlich auf, und Dr. Herz bekam einen Stoß von Dr. Klein, der gedacht hatte, ich hätte wieder angeklopft. Ich konnte mich vor Lachen nicht halten. Dr. Herz, vor dem ich sehr großen Respekt hatte, sagte: ›Dora, geh nach Hause, und ohne deinen Vater kommst du nicht wieder in die Schule zurück!‹ Mein Vater war auf Geschäftsreise und sollte erst übermorgen nach Hause kommen. Ich hatte großen Kummer und bat am Abend den lieben Gott, er solle mir doch helfen. Am nächsten Morgen klingelte es heftig an unserer Tür. Es war unser Nachbarjunge: ›Frau Moritz, Ihre Kinder können nicht in die Schule gehen, die Synagoge brennt.‹ Ich glaubte meinen Ohren nicht. Mutti erlaubte mir, zur Schule zu laufen. Ich sah den furchtbaren Brand. Ich sah meine Schule brennen!! Oh, lieber Gott, das hatte ich nicht gewollt.

Es ist das erste Mal, daß ich dieses niederschreibe. Ich hatte viele Jahre Gewissensbisse. Ich träumte nachts immer wieder von der Schule und der brennenden Synagoge und von der furchtbaren Kristallnacht.«

Fast 400 Synagogen wurden in den Tagen vom 9. bis 11. November 1938 in Brand gesetzt und zerstört, mehr als 90 jüdische Menschen ermordet, Tausende mißhandelt, ungefähr 30 000 jüdische Männer in die Konzentrationslager Dachau, Buchenwald und Sachsenhausen verschleppt. Unzählige Betsäle, Geschäfte und Wohnungen wurden demoliert. Es setzte eine Massenflucht aus Deutschland ein. Während der wenigen Monate bis Kriegsbeginn wurden fast so viele Menschen zur Auswanderung und Flucht aus Deutschland getrieben, wie in den vorangegangenen fünfeinhalb Jahren zusammen.

In Düsseldorf, dem Wohnort der Familie vom Rath, tobte sich der staatlich verordnete ›Volkszorn‹

besonders brutal aus. Mindestens drei Menschen wurden ermordet, über siebzig Verletzte mußten in die Krankenhäuser eingeliefert werden.[50]

Über alle diese furchtbaren Geschehnisse durfte in dem ›Arbeitsbericht des Zentralausschusses für Hilfe und Aufbau‹ nur folgender Satz stehen: »Das Jahr 1938, über das die Reichsvertretung der Juden in Deutschland im folgenden ihren Tätigkeitsbericht erstattet, bedeutet im Schicksal der Juden einen historischen Wendepunkt.«[51] Die deutschen Juden, längst zu Juden in Deutschland geworden, waren jetzt fast zum Verstummen verurteilt. Als einzige Zeitung, die kaum den Namen verdient, erschien mit behördlicher Genehmigung unter den strengen Zensorblicken in Berlin: das ›Jüdische Nachrichtenblatt‹. Ihm kann man die spärlichen Meldungen über das weitere Schicksal der Düsseldorfer Gemeinde und auch der Jüdischen Schule entnehmen.

Die Synagogengemeinde Düsseldorf mußte die Synagoge und das Schulgebäude auf eigene Kosten abbrechen lassen und den Grund und Boden an die Stadt verkaufen. In der ›Rheinischen Landeszeitung‹ vom 2. Dezember 1938 konnte man folgendes lesen:

»Die Synagoge an der Kasernenstraße, die seit Jahr und Tag für alle deutschen Volksgenossen ein Stein des Anstoßes war, wird nunmehr in Kürze verschwinden. Die Empörung des Volkes über den feigen jüdischen Meuchelmord an dem Gesandtschaftsrat Ernst vom Rath richtete sich bekanntlich in der Nacht vom 9. bis 10. November in erster Linie gegen den jüdischen Tempel . . . Mit den Abbrucharbeiten wurde bereits gestern begonnen. Es ist zu hoffen, daß man gleichzeitig die Judenschule niederlegt . . . Die Düsseldorfer Bevölkerung wünscht, durch nichts mehr an jene Zeit erinnert zu werden, in denen Juda sein Haupt in Deutschland frech erhob . . .«

Durch massiven Druck wurde im März 1939 ein Verkaufspreis von lächerlichen 191 870 Reichsmark ausgehandelt. Hiervon wollte die Stadt die horrende Summe von 75 000 Mark für den Abbruch abziehen. Siegfried Falk, der Vorsitzende der Gemeinde, versuchte in Verhandlungen und in etlichen Schreiben

die Stadt zu einem »Entgegenkommen« zu bewegen:

»Betreffs obiger Kosten [des Abbruchs] bitten wir um eine erhebliche Ermäßigung; wir machen hierfür Billigkeitsgründe insofern geltend, als mit Wirkung vom 1. Januar 1939 sämtliche Vergütungen der Stadt Düsseldorf für Wohlfahrtsempfänger jüdischer Konfession ausgefallen sind. Abgesehen von unseren Kosten für Auswanderungsfürsorge und dem Fortfall der früher von der Stadt bewilligten Zuschüsse für die jüdische Schule, dem Fortfall der Mietzuschüsse, dem Fortfall von Hauszinssteuerermäßigung, oder Erlaß derselben, nicht mehr gewährt wird. Wir haben weiter die Kosten zu tragen für sämtliche Anstalten und Krankenhäuser, auch für Dauerinsassen, in denen uns nicht einmal der ermäßigte Wohlfahrtssatz eingeräumt wird, vielmehr die Kosten in voller Höhe zu entrichten sind. Auch für unsere diversen Altersheime und ähnliche Anstalten fallen die Ermäßigungen fort.

Infolgedessen steigen die monatlichen Lasten für diese Zwecke in einer solchen Höhe, daß, trotz der inzwischen stark verminderten Einwohnerzahl, für einen Monat jetzt ungefähr soviel ausgegeben werden muß, wie früher für diese Zwecke für ein ganzes Jahr . . . Wir bitten lediglich um Verständnis für diese inzwischen eingetretene Lage zu finden und in diesem Zusammenhang, uns einen erheblichen Betrag der Unkosten für den erstgenannten Zweck zu erlassen . . .«[52]

Der Sachbearbeiter kommentierte die Schilderung der Notsituation, mit der Siegfried Falk die Stadt zum Einlenken im Hinblick auf die willkürlich hoch angesetzten Abbruchkosten zu bewegen versuchte, nur mit der Randbemerkung: »Hat nichts mit der Sache zu tun.«

Im November 1939 beschwerte sich der städtische Baurat, daß am Brandgiebel der inzwischen abgerissenen ›Judenschule‹ noch Tapetenreste hingen. »Im Interesse des Straßenbildes wird gebeten, die Reste zu beseitigen.« Nun lautet die Randbemerkung: »Geht nicht!«[53]

Die letzten Spuren der schönen Synagoge und des Schulhauses wurden spätestens 1941 beseitigt, als die Stadt – mit Hilfe zwangsverpflichteter jüdischer

Arbeiter – einen Luftschutzbunker an dieser Stelle errichten ließ.[54]

Was war inzwischen aus der Schule und ihren Schülern geworden? Aufgrund gesetzlicher Bestimmungen vom November und Dezember 1938 durften keine jüdischen Kinder mehr auf öffentliche Schulen gehen. Mit der ›10. Verordnung zum Reichsbürgergesetz vom 4. Juli 1939‹ wurden die jüdischen Schulen in die alleinige Trägerschaft der ›Reichsvereinigung der Juden‹ (so hatte die ›Reichsvertretung‹ nun zu heißen) und damit der Gemeinden übergeben. Die Gemeinden mußten also nun, wie es ja auch Siegfried Falk geschrieben hatte, alle Kosten für die Beschulung der Kinder tragen. Pädagogisch gesehen, hatten die jüdischen Schulen nun eine fast vollständige Autonomie. Allerdings waren Elternabende etc. bei der Gestapo genehmigungspflichtig.

Die Restschule fand ein Domizil im Haus Grafenberger Allee 78. Diese Villa hatte seit 1923 der ›Düsseldorf-Loge‹ (des U.O.B.B. = Unabhängiger Orden Bne Briss) gehört. Seit 1926 befand sich dort – im oberen Stockwerk – das Kindertagesheim, an das Dvora Diskin so schöne Erinnerungen hat. In diesem Haus fand auch – nach der Zerstörung der Synagoge im November 1938 – der Gottesdienst statt. Die Gemeindeverwaltung war in der Bilker Straße 25. Man brauchte mindestens eine halbe Stunde zu Fuß, um von der einen dieser beiden verbliebenen Inseln jüdischen Gemeindelebens zur anderen zu gehen.

Das Wohlfahrtsamt der Gemeinde suchte in jenen Monaten händeringend nach Familien, die auswärtige Schüler aufnehmen konnten. Im Oktober 1939 besuchten noch 66 Kinder die Schule.[55] Im ›Nachrichtenblatt‹ steht, daß alle Düsseldorfer Anwärter für die Jugend-Alija sowie für Inlands- und Auslandshachscharoth Iwrith-Kurse absolvieren müßten.

Es gab auch noch Bar-Mizwa-Feiern in der Gemeinde. Am 19. August 1939 wurde Isi Magier Bar-Mizwa.[56] An ihn, der zwei Jahre später mit seinen Eltern deportiert und ermordet wurde, erinnert nur noch diese kleine Notiz im ›Nachrichtenblatt‹

35 *Das Rabbinerhaus in der Kasernenstraße in Düsseldorf kurz vor dem Abbruch 1939* (Foto: Stadtmuseum Düsseldorf)

und eine der Zeichnungen. Zwei Wochen später brach der Krieg aus. Das bedeutete für die allermeisten der noch in Deutschland lebenden Juden das Scheitern aller Auswanderungsbemühungen. Das bedeutete, daß sie nunmehr nicht nur Objekte der Vertreibung und Beraubung, sondern auch – im Verlauf des Krieges – zu Objekten der Vernichtung wurden. – Rosch Haschana, das jüdische Neujahrsfest, fiel in jenem Jahr in die erste Septemberwoche. Das Jahr 5700 hatte begonnen. In der Ausgabe des ›Nachrichtenblatts‹ vom 5. September 1939 durften, wie auch in allen noch folgenden Ausgaben, der

Krieg, die Not und die Verzweiflung mit keinem einzigen Wort erwähnt werden. Und erst recht nicht die bange Hoffnung auf eine baldige Niederlage der Hitler-Diktatur. Alles das verbirgt sich hinter dem lakonischen Hinweis, die Juden stünden an der »Wende zu einem neuen Jüdischen Jahrhundert«.

Im Oktober mußte die ›Reichsvereinigung‹ die Gemeinden auffordern, ›schnellstens‹ sämtliche Juden zwischen 16 und 55 Jahren Fragebogen ausfüllen zu lassen. Diese sind nicht mehr vorhanden. Aber es gibt im Stadtarchiv eine Übersicht: Im Dezember 1940 lebten noch 1400 Juden in Düsseldorf.[57] Im Frühjahr 1940 hatten die Kinder eine Jahresabschlußfeier ausgerichtet: Rezitationen, kleine Aufführungen, Dialoge, Chorgesänge. »Alles Gebotene zeugte vom besten Schulgeist und der Vorbereitung für das Leben«, so liest man heute mit Beklommenheit.[58]

Kurz danach, im Mai 1940, hatte es den ersten großen Luftangriff auf Düsseldorf gegeben. Wo fanden die Kinder, ihre Lehrer und die vielen Menschen, die sonst noch in der alten Villa und dem Gartenhaus in der Grafenberger Allee wohnten, Schutz? Siegfried Falk, der Vorsitzende der Jüdischen Gemeinde, hatte sich, wie alle anderen Menschen damals auch, innerhalb seines Verantwortungsbereiches um den Luftschutz zu kümmern. Am 26. Juni 1940 schrieb er einen Brief an den Polizeipräsidenten als den örtlichen Luftschutzleiter. Darin ging es um den Durchbruch einer Brandschutzmauer im Keller des Hauses Grafenberger Allee 78. Hier war also der Luftschutzraum für die Schüler und die anderen Bewohner des Hauses. Für den heutigen Leser dieses unscheinbaren Aktenstücks ist noch etwas anderes auf erschreckende Weise aufschlußreich. Der Briefkopf des Briefes, den Siegfried Falk benutzte, lautet: Der Vorstand der Jüdischen Kultusvereinigung ›Synagogengemeinde Düsseldorf‹, Bilker Straße 25. Daran hatte der zuständige Sachbearbeiter mit einem dicken Farbstift einen energischen Strich gemacht, einen Strich der Verwunderung, der Empörung? Und er hatte dazu geschrieben: »So etwas gibt's noch?«[59]

Der Gemeindevorstand konnte die anfallende Verwaltungsarbeit kaum noch bewältigen — er war ja längst ein nahezu ohnmächtiges Instrument der Gestapo geworden. Jeden Tag kamen neue Vorschriften, Erlasse, Befehle.[60] Auch wurde die Not immer größer. Es reichte hinten und vorne nicht, um alle Bedürftigen zu unterstützen. Ehrenamtliche Sammler gingen zweimal monatlich zu allen jüdischen Haushaltungen in Düsseldorf. Und dennoch lernte der ehemalige Bankier Siegfried Falk tapfer Englisch und Maschineschreiben. Auch andere Gemeindemitglieder versuchten, durch Aneignung praktischer Kenntnisse bessere Voraussetzungen für die so sehnlichst erhoffte Auswanderung zu erlangen.

Die Beförderung der Post ins Ausland wurde immer schwieriger, unterlag immer strengeren Kontrollen und Einschränkungen. Manche Briefe, in jenen Monaten geschrieben, erreichten nie oder erst nach vielen Monaten ihre Empfänger. »Mehr wie vier Seiten werden nicht befördert«, tippte Siegfried Falk seinem Sohn am 9. Dezember 1940. Die Frauen hatten Schneider-, Putz- und Frisierkurse eingerichtet. Auch das Angebot von Spanisch-Kursen zeigt die Hoffnung auf Auswanderung, die jedoch bis zum allgemeinen Auswanderungsverbot vom 25. Oktober 1941 nach Kriegsbeginn nur noch in wenigen Einzelfällen realisiert werden konnte.

Am 18. Januar 1941 schrieb Edith Falk: »Meine Lieben alle! . . . Mir helfen meine Unterrichtsstunden und die Arbeiten dafür sehr, wenn man sich auch dann wieder sagt: wofür . . .? Und wohin werden wir schließlich mal verschlagen . . .? Siegfried lernt auch schrecklich fleißig Englisch und Maschineschreiben — aber auch da sage ich: wofür? Es ist ein vollständig aussichtsloses Leben und Dasein und eine Zukunft, von der man nichts wissen will. Nie mehr seine Lieben: Kinder und Enkel, Geschwister und Freunde wiederzusehen und elend zu Grunde gehen! Denn *das* wird doch das Ende sein.«[60]

Von den jüdischen Schulkindern erfährt man in einem der letzten Briefe von Frau Falk an »Meine Lieben Alle!« Der Brief ist undatiert, muß aber Ende 1940, zur Chanukka-Zeit, geschrieben worden sein.

›Zum Entzünden‹ der Chanukka-Lichter mußte das Ehepaar Falk zu diversen Altersheimen und zur Schulfeier. »Es sind noch 55 Schüler da.«

Dem Essay von Professor Bergel ist zu entnehmen, daß im März 1941 noch 42 Kinder die Jüdische Schule besuchten. Zu dieser Zeit wurden noch 1406 Juden ›listenmäßig erfaßt‹. 49 von ihnen hatten einen nichtjüdischen Ehepartner. Möglicherweise war diese Zahl höher, weil bei den vielen Witwen und Witwern die Angabe über den nicht mehr lebenden Ehepartner fehlt. 108 von ihnen waren Kinder und Jugendliche (ab Jahrgang 1920).[61]

Mit Wirkung vom 30. Juni 1942 verfügte der Reichsminister für Wissenschaft, Erziehung und Volksbildung die Schließung sämtlicher jüdischer Schulen. Die Beschulung von jüdischen Kindern durch besoldete oder unbesoldete Lehrkräfte wurde verboten. »Damit war das makabre Nebeneinander von beginnender Massenvernichtung und gesetzlich geforderter Schulausbildung als Vorbereitung auf das Leben endlich beendet.«[62]

Auch für die Düsseldorfer Schulkinder und ihren Lehrer Kurt Schnook hatte damals schon, trotz der noch bestehenden Schulpflicht, der Gang in die Vernichtung begonnen. Bereits ein halbes Jahr vor Erlaß dieses Gesetzes gab es, wie am Anfang gezeigt wurde, keine Schule mehr. Als Siegfried Falk jenen Brief, in dem »Es gibt auch keine Schule mehr« stand, verfaßte, waren bereits − am 27. Oktober und am 10. November 1941 − zwei große ›Judentransporte‹ mit Düsseldorfer Juden nach Lodz, damals Litzmannstadt, und nach Minsk abgegangen. Eine dritte große Deportation stand bevor. Im Dezember 1941 nahmen Edith und Siegfried Falk eine Überdosis Veronal. »Wir wollen ihnen die Ruhe gönnen«, schrieb die Sekretärin von Siegfried Falk, Hildegard Eltzbacher, in einem Brief in die Schweiz. Auch sie wurde kurze Zeit später deportiert und ermordet.

Nichts ist bekannt über die letzten Tage der Schüler und des Lehrerehepaares Kurt und Thea Schnook. ». . . ein junger, stiller Mensch, dem es etwas schwerfiel, uns lebhafte Kinder zu beherrschen. Doch nie verließ ihn seine Ruhe . . . Ich ha-

be sein blasses Gesicht noch ganz klar im Sinn.«[63] Die verzweifelten Auswanderungsbemühungen des Ehepaares Schnook waren, wie die so vieler, vieler anderer, zum Scheitern verurteilt.

›Erziehung als geistiger Widerstand‹, überschreibt Joseph Walk sehr zutreffend dieses Kapitel, welches mit dem gewaltsamen Tod von Lehrern und Schülern so grausam beendet wurde. »Die sich ihrer Verantwortung durchaus bewußten Lehrer sahen keine andere Möglichkeit, als nach der Theorie des ›als ob‹ zu handeln, die auch hinter der Pädagogik des großen jüdisch-polnischen Pädagogen Janusz Korczak stand. Oder hätten die Lehrer ihre Schüler angesichts der nahenden Vernichtung auf Tod und Blutvergießen vorbereiten sollen . . .«[64]

Was bleibt, sind ein paar Erinnerungen, ein Bild, die Worte, die Kurt und Thea Schnook einer ihrer kleinen Schülerinnen, Gisela Wolf, ins Poesiealbum schrieben.[65]

Wer waren die Kinder, die die Jüdische Schule besuchten, und was ist aus ihnen geworden? Nur durch die in den meisten Fällen namentlich signierten Kinderzeichnungen konnten die Namen von 290 Schülern ermittelt bzw. weitgehend rekonstruiert werden.

Von 123 von ihnen ist zur Zeit nichts bekannt. Bei manchen sind die Namen unleserlich. Andere waren − auch das war nicht so genau zu ermitteln − wahrscheinlich Berliner Schüler. Manche dieser jungen Menschen dürften Fahrschüler gewesen sein, die von auswärts kamen. Manche waren Kinder mit einem nichtjüdischen Elternteil, über die bisher im Rahmen der Erarbeitung einer dokumentarischen ›Biographica Düsseldorfer Juden‹ kaum etwas ermittelt werden konnte.

Immerhin ist von 166 Schülern Näheres bekannt. Auf diese Schüler kommen 150 Mütter, Väter, Brüder und Schwestern, die von den Nationalsozialisten ermordet wurden. 43 der 166 Schüler sind ermordet worden.

Die Zeichnungen sind das einzige, was an die jugendlichen Opfer, deren Tod sich dem Begreifen, dem Vorstellungsvermögen entzieht, in begreifbarer Weise erinnert.

Anmerkungen

Die Verfasserin möchte folgenden Personen ihren großen Dank aussprechen – für zahlreiche Gespräche, für Briefe, für die Überlassung von Fotografien und Dokumenten und, vor allem, für das Vertrauen: Herrn Prof. Dr. Kurt Bergel, Orange, Kalifornien, Frau Dvora Diskin, Atlit, Israel, Frau Ilse Eton, St. Leonards-on-Sea, England, Herrn Dr. Frank Falk, London, Herrn Dr. Salo Gottdiener, Haifa, Israel, Frau Mira Guttmann, Qiryat Bialik, Israel, Herrn Dr. Kurt Herz und Frau Ellen Herz, New York, Frau Gloria N. Lachmann, Houston, Texas, Frau K. H. Regent, Newport-on-Tay, Schottland, Herrn Seev Weiss, Hasorea, Israel. Außerdem sei Dank gesagt: Herrn Prof. Dr. Hugo Weidenhaupt und seinen Mitarbeitern vom Stadtarchiv Düsseldorf sowie Frau Ruthy Roecher, Siegen, und den Kolleginnen Frau Dr. Annette Baumeister, Stadtmuseum Düsseldorf, und Frau Dr. Sybil Milton, Ridgewood, New Jersey, und Frau Mieke Monjau, Düsseldorf, für die fruchtbringende und angenehme Zusammenarbeit.

Abkürzungen

StA Düss.	Stadtarchiv Düsseldorf
Gemeindezeitung/ Gemeindeblatt	Gemeindezeitung für den Synagogenbezirk Düsseldorf; seit August 1937: ›Jüdisches Gemeindeblatt‹ für den Synagogenbezirk Düsseldorf

1 StA Düss. V 2763.
2 StA Düss. V 2763; II 727.
3 Kopien dieser und anderer Briefe verdankt die Verf. Herrn Dr. Frank Falk, London.
4 Anfragen bzw. Mitteilungen können an die Verf., Kulturamt, Ehrenhof 3, gerichtet werden oder an das Stadtmuseum, Bäckerstraße 7/9.
5 Jahresberichte des Statistischen Amtes der Stadt Düsseldorf, 1939.
6 Einer internen Statistik zufolge, die in der ›Gemeindezeitung‹ vom 5. August 1933 veröffentlicht wurde, betrug die Zahl der Gemeindemitglieder 5624. Vermutlich erklärt sich diese höhere Zahl durch die außerhalb des Stadtgebietes lebenden Gemeindemitglieder.
7 Jahresberichte 1935. Dieser Statistik lag die rassistische Definition von ›jüdisch‹ zugrunde.
8 Die Verf. verdankt diese Information Herrn Dr. Salo Gottdiener, Haifa, Israel.
9 ›Gemeindezeitung‹ Nr. 5 (15. November 1930).
10 ›Gemeindezeitung‹ Nr. 12 (21. Februar 1931).
11 ebenda.
12 ›Gemeindezeitung‹ Nr. 9 (10. Januar 1930).
13 ›Gemeindezeitung‹ Nr. 10 (24. Januar 1931).
14 ›Gemeindezeitung‹ Nr. 5 (10. Dezember 1932).
15 Reinhard Rürup, ›Das Ende der Emanzipation: Die antijüdische Politik in Deutschland von der ›Machtergreifung‹ bis zum Zweiten Weltkrieg‹, in: Die Juden im Nationalsozialistischen Deutschland. The Jews in Nazi Germany 1933 – 1943, herausgegeben von Arnold Paucker, Tübingen 1986 (Schriftenreihe wissenschaftlicher Abhandlungen des Leo-Baeck-Instituts 45), S. 99.
16 Zitiert in Fred Grubel, ›Geleitwort‹, in: Die Juden im Nationalsozialistischen Deutschland, S. XIII.
17 ›Gemeindezeitung‹ Nr. 19 (24. Juni 1933).
18 ebenda.
19 ebenda.
20 ›Gemeindezeitung‹ Nr. 8 (6. Januar 1934).
21 Mitt. an die Verf. im September 1987; siehe auch Biographisches Handbuch der deutschsprachigen Emigration nach 1933, Band 1, S. 289.
22 ›Gemeindezeitung‹ Nr. 13 (16. März 1935).
23 ›Gemeindezeitung‹ Nr. 17 (11. Mai 1935).
24 ›Jüdische Rundschau‹ Nr. 94 (22. November 1935), S. 4.
25 Hannele Zürndorfer, The Ninth of November, London, Melbourne, New York 1983, S. 48–49 (übers. von der Verf.); eine deutsche Ausgabe des Buches ist in Vorbereitung. Die weitgehende Auslöschung jener Kindheitsjahre während der Nazizeit in der Erinnerung teilt die hier zitierte Autorin – so konnte in zahlreichen Gesprächen festgestellt werden – mit vielen Gleichaltrigen, die, wie sie, als Kinder sehr sehr schlimme Jahre durchzustehen hatten. Hanneles Eltern, Adolf und Else Zürndorfer, wurden deportiert und ermordet. Adolf Zürndorfer hatte, nachdem er seine Stellung verloren hatte, für Gustav Lindemann das Archiv des Düsseldorfer Schauspielhauses (das heutige Dumont-Lindemann-Archiv) zu ordnen begonnen. Außerdem hatte er die Gemeindebibliothek, die 1937 rund 2000 Bücher umfaßte, unter schwersten Bedingungen aufgebaut. ›Gemeindezeitung‹ Nr. 6 (20. November 1937). Es ist ganz erstaunlich, wie sehr im übrigen dieser Eindruck der kleinen Hannele von der jüdischen Schule in Düsseldorf den Erfahrungen entspricht, die Hans Gärtner, Lehrer und stellv. Direktor der Berliner Theodor-Herzl-Schule bis 1939, später beschrieben hat. Hans Gärtner, ›Probleme der jüdischen Schule während der Hitlerjahre‹, in: Deutsches Judentum. Aufstieg und Krise, herausgegeben von Robert Weltsch, Stuttgart 1963 (Veröffentlichung des Leo-Baeck-Instituts); engl. Fassung in Leo Baeck Institute Year Book I (1956).
26 Werner T. Angress, Generation zwischen Furcht und Hoffnung. Jüdische Jugend im Dritten Reich, Hamburg 1985, S. 17; ders., ›Jüdische Jugend zwischen nationalsozialistischer Verfolgung und jüdischer Wiedergeburt‹, in: Die Juden im nationalsozialistischen Deutschland, S. 214.
27 Hannele Zürndorfer, The Ninth of November, S. 47.
28 Das ›Abgangszeugnis‹, einziges bisher vorhandenes Dokument aus der Schule, stellte Herr Seev Weiß, Hasorea, Israel, der Verf. zur Verfügung.

29 Dieses war Bestandteil des am 15. September 1935 erlasse-
nen ›Gesetzes zum Schutze des deutschen Blutes und der
deutschen Ehre‹. Mit dem ›Reichsbürgergesetz‹ bildet es die
sog. Nürnberger Gesetze.

30 Dieser Essay wird ungekürzt in dem Buch der Verf. über die
›Geschichte der Düsseldorfer Juden von den Anfängen bis
zur Gegenwart‹ (Arbeitstitel – in Vorbereitung) abgedruckt
werden.

31 Die Namen der Lehrer und ihr Schicksal sind auf den Seiten
100–104 aufgeführt.

32 Melanie, ihre Schwester Lydia und ihre Eltern Viktor Lezerkiewicz und Betty, geb. Haupt, waren polnische Staatsange-
hörige. Sie sind wohl im Rahmen der sog. Polenaktion vom
27. Oktober 1938 zwangsweise nach Zbaszyn an der pol-
nisch-deutschen Grenze abtransportiert worden. Insgesamt
wurden damals ca. 18 000 Menschen mit polnischen Pässen
aus Deutschland vertrieben, aus Düsseldorf 361. Der
Geburtsort von Melanies Mutter ist Oswiecim (= Auschwitz). Daher war die Familie wohl dort nach der Vertreibung
hingezogen. Manches bleibt unklar. Die letzte spärliche
Düsseldorfer Eintragung lautet: »am 8. 5. 1941 unbekannt
verzogen«. Die Namen aller vier Mitglieder der Familie sind
in der zentralen Dokumentation (›Gedenkbuch‹) des Bundesarchivs Koblenz enthalten. Die Eltern wurden in Auschwitz ermordet. Von den beiden Mädchen ist weder der Ort
noch der Zeitpunkt ihres gewaltsamen Todes bekannt.
Über die ›Polenaktion‹ siehe StA Düss. XXIII, Bericht von
Rabbiner Dr. Eschelbacher; Sybil Milton, ›The Expulsion of
Polish Jews from Germany: October 1938 to July 1939.
A Documentation‹, in: Leo Baeck Institute Year Book XXIX
(1984), 169–200.

33 Die Schulpflicht für jüdische Schüler bestand bis zu einem
Zeitpunkt, da schon viele Juden einschl. der Kinder deportiert worden waren. Eine weitgehende Autonomie erhielten
die jüdischen Schulen erst Mitte 1939; Joseph Walk, The
Education of the Jewish Child in Nazi Germany. The Law
and its Execution, Jerusalem 1975 (auf Hebräisch); englische Zusammenfassung, Ms. Germania Judaica Köln. Ein
guter Überblick über die gesetzliche und organisatorische
Entwicklung bietet auch Ruthy Roecher, Die Entwicklung
eines jüdischen Schulwesens im Dritten Reich. Diplom-
Arbeit, Universität-Gesamthochschule Siegen 1983 (unver-
öff.); eine Dissertation von Frau Roecher zu diesem Thema
steht vor dem Abschluß.

34 Mitt. Dr. Kurt Herz an die Verf. im Sept. 1987.

35 ›Düsseldorfer Tageblatt‹ Nr. 45 (14. Februar 1939).

36 ›Gemeindezeitung‹ Nr. 8 (2. Januar 1937).

37 ›Gemeindezeitung‹ Nr. 13 (13. März 1937).

38 Hachschara = Tauglichmachung (Pl. Hachscharoth), Ausbildung; 1936 bestanden in Deutschland über 40 solcher
Ausbildungsstätten für Landwirtschaft, Gärtnerei, Handwerk und Hauswirtschaft. Die bekanntesten waren die Gar-
tenbauschule Ahlem bei Hannover, Gross-Breesen (Schle-
sien), Winkel bei Spreenhagen, Schniebinchen (Branden-

burg), Neuendorf bei Fürstenwalde. Sie wurden auch von
Düsseldorfer Jugendlichen der ›mittleren‹ Jahrgänge (zwischen 14 und 18) besucht. Eine Übersicht, auch über die
Ausbildungsstätten im Ausland, in: Arbeitsbericht des Zentralausschusses für Hilfe und Aufbau bei der Reichsvertretung der Juden in Deutschland 1939, S. 152–159.

39 Joseph Walk, The Education of the Jewish Child, S. X.

40 Joseph Walk, ›Jüdische Kinderaufsätze und Kinderbriefe im
Nazi-Deutschland‹, in: Bildung und Erziehung Nr. 33
(1980), S. 348.

41 Jugendalija: Alija heißt Aufstieg. Es ist die zionistische
Bezeichnung für die Einwanderung nach Palästina/Israel.
Kindertransporte: jüdische Hilfsorganisationen in Deutschland und im Ausland ermöglichten jüdischen Kindern, verstärkt nach dem Novemberpogrom, ohne die Eltern auszuwandern (nach Palästina, England, den USA, in die Niederlande usw.). Affidavit: Bürgschaft eines ausreichend wohlhabenden Bürgers im Auswanderungsland.

42 Hans Gärtner, ›Probleme der jüdischen Schule während der
Hitlerjahre‹, S. 335.

43 Gemeindeblatt Nr. 6 (20. November 1937); im November
fand der hier abgedruckten Ankündigung nach eine zusätzliche Ausstellung von Schülerarbeiten statt. Daß manche der
Kinderzeichnungen, die zur heutigen Sammlung gehören,
auch schon in diesen beiden Ausstellungen 1937 gezeigt
wurden, ist an den auf der Rückseite befindlichen Klebe-
streifenresten erkennbar.

44 Brief von Prof. Dr. Bergel an die Verf. vom 22. 9. 1987.
Hierzu mag indessen – gleichsam als Ergänzung und Kor-
rektur – hinzugefügt werden, daß Julo Levin mit den beiden
Lehrerinnen Dr. Beatrice Strauß und Dr. Thea Nußbaum
ein sehr freundschaftliches Verhältnis verband. Mitt. von
Frau Mieke Monjau an die Verf.

45 Heinemann Stern, Didaktik der jüdischen Schule, Berlin
o. J. (1938), S. 52–53.

46 Heinemann Stern, Didaktik der jüdischen Schule, S. 168–
174.

47 Arbeitsbericht, 1938, S. 74.

48 Brief an die Verf. vom 2. 9. 1938.

49 ›Unterrabbiner‹ Dr. Siegfried Klein war, das wurde von
vielen ehemaligen Gemeindemitgliedern in Gesprächen
immer wieder hervorgehoben, der eigentliche ›Seelsorger‹
der Gemeinde. Neben der Wahrnehmung seiner vielen Aufgaben gab er noch ab 1930 bis zum November 1938 die
Gemeindezeitung heraus, für die er wohl den größten Teil
selber schrieb. Er und seine Frau wurden deportiert und
ermordet.

50 Angelika Voigt, Falk Wiesemann, Juden in Düsseldorf. Die
Zerstörung der jüdischen Gemeinde während der nationalsozialistischen Herrschaft. Geschichte original 1, herausgegeben von Hugo Weidenhaupt und Falk Wiesemann,
Münster o. J., Beiheft S. 9.

51 Arbeitsbericht, 1938, S. 1.

52 StA Düss. III 20785, 43–45.

53 StA Düss. VI 17289.

54 Seit Kriegsbeginn wurden jüdische Männer, später auch Frauen, im sog. Jüdischen Arbeitseinsatz zu den verschiedensten, meist sehr schweren körperlichen Arbeiten verpflichtet. Daß sie in Düsseldorf auch beim Bau des Bunkers in der Kasernenstraße beteiligt waren, teilte Herr Günther Katzenstein, der einer von ihnen war, der Verf. mit. Herr Katzenstein, Stockholm, ist einer der ganz wenigen Menschen, die die Deportation nach Minsk überlebten.

55 ›Jüdisches Nachrichtenblatt‹ vom 14. April 1939; Arbeitsbericht, 1939, S. 53.

56 Bar Mizwa, ›Sohn des Gesetzes‹. Mit dem 13. Geburtstag wird der jüdische Junge Bar Mizwa, d. h. ein mündiges Mitglied der Gemeinde.

57 StA Düss. IV 12317 (laut handschriftlicher Notiz).

58 ›Jüdisches Nachrichtenblatt‹ Nr. 28 (5. April 1940).

59 Bauamt Stadt Düsseldorf, Hausakten, Grafenberger Allee 78.

60 Das Sonderrecht für die Juden im NS-Staat. Eine Sammlung der gesetzlichen Maßnahmen und Richtlinien. Inhalt und Bedeutung, herausgegeben von Joseph Walk und Dan Brecher, Heidelberg, Karlsruhe 1981.

61 StA Düss. IV 12315.

62 Ruthy Roecher, ›Die Entwicklung eines jüdischen Schulwesens im Dritten Reich‹, S. 61.

63 K. H. Regent (Hannele Zürndorfer) im Brief an die Verf. vom 10. 9. 1987.

64 Joseph Walk, ›Erziehung als geistiger Widerstand‹, S. 245.

65 Herr und Frau Norbert Lachman (geb. Gisela Wolf aus Gerresheim) übergaben dem Stadtmuseum in einer Schenkung zwei Poesie-Alben, bewegende Dokumente einer Kindheit, die behütet und gefährdet zugleich war. Kurt Schnook hatte im Februar 1937 in Giselas Album geschrieben: »Drei Dinge braucht man zu allem: Kraft, Verstand und Willen.«

Träume, Hoffnungen, Wirklichkeit

Annette Baumeister

Das Stadtmuseum Düsseldorf bewahrt seit einigen Jahren über 1200 Arbeiten deutsch-jüdischer Kinder und Schüler. Die Blätter befanden sich ehemals im Besitz des Malers Julo Levin. Über 450 Bilder hatte er schon in den dreißiger Jahren nach und nach seinem Freund, dem Maler Carl Lauterbach (Abb. 43, 44), geschenkt, der sich wie Levin für Kinderzeichnungen interessierte. Die übrigen Arbeiten behielt Levin für sich.

Mieke Monjau schildert in ihrem Erlebnisbericht die dramatische Rettungsaktion der Schülerzeichnungen aus Julo Levins Besitz. Carl Lauterbach lagerte seinen Anteil, zusammen mit seiner umfangreichen Sammlung von Kunstwerken und Dokumenten, nach Burscheid aus, um das Material vor dem drohenden Zugriff der Gestapo zu verstecken.[1] Die Kinder- und Schülerzeichnungen aus dem Besitz von Lauterbach kamen ins Stadtmuseum, nachdem die Stadt Düsseldorf 1982 das Archiv Lauterbach erworben hatte. 1983 schenkte Mieke Monjau dem Museum aus ihrem Besitz über 750 Blätter.

Der größte Teil der Arbeiten entstand im Zeichenunterricht, den Julo Levin zunächst an der Jüdischen Schule in Düsseldorf (1936–1938) und später an der Kaliski-Schule und an der Holdheim-Schule in Berlin (1938–1941) erteilt hatte. Da sich Levin mit dem Datum vom 21. 4. 1938 polizeilich mit dem Zielort Berlin abgemeldet hat, müssen wir davon ausgehen, daß die Bilder, die nach dem April 1938 datiert sind, in Berlin entstanden.

Die Techniken der erhaltenen Blätter zeigen die verschiedenen Möglichkeiten, die im Zeichenunterricht erprobt werden sollten. Es gibt – vor allem von jüngeren Kindern (bis etwa zum zehnten Lebensjahr) – Bleistift- und Buntstiftzeichnungen sowie Malereien mit Pastellkreide. In höheren Klassen wurde mit Wasserfarbe, vorwiegend mit Deckfarbe, weniger mit Aquarellfarbe, gemalt. Hinzu traten Klebebilder und Transparentbilder. Der Malgrund war – außer bei jüngeren Kindern, die auf unterschiedlichstem Material zeichneten – meist reguläres stärkeres Zeichenpapier. Einige Male diente auch der Karton des Zeichenblocks als Malgrund, obwohl er sich wegen seiner rauhen Oberfläche weniger gut eignet. Daß es sich tatsächlich um Arbeiten von Schulkindern handelt, belegen zahlreiche Schuljahr-, Datum- und Zensurvermerke.

Auf vielen Blättern sind die Namen der Schüler vermerkt, nicht immer von den Kindern selbst, sondern – wie die Handschrift verrät – von einem Erwachsenen. Diese Hinweise ermöglichen es, dem Schicksal der betroffenen Menschen nachzuforschen. Viele wurden in den Konzentrationslagern ermordet, andere verließen Deutschland mit ihren Eltern oder allein mit einem Kindertransport, um – aus der Heimat vertrieben – einen harten Neuanfang in der Fremde zu meistern. Einige der überlebenden Schüler der jüdischen Volksschule in Düsseldorf stehen im Briefwechsel mit Frau Dr. Suchy, die in ihrem Beitrag das Schicksal der Düsseldorfer Schule und ihrer Schüler schildert.

Als Julo Levin 1936 seine Tätigkeit als Zeichenlehrer an der Privaten Jüdischen Volksschule in Düsseldorf aufnahm, hatte er schon drei Jahre der Verfolgung und ständigen Gefahr hinter sich, da die Nationalsozialisten in ihm einen Gesinnungsfreund

74

der Kommunistischen Partei vermuteten. Diese persönliche Gefährdung wird er aber seinen Schülern verschwiegen haben.

Die psychologische Situation der deutsch-jüdischen Kinder im Jahr 1936 läßt sich in ihrer ganzen Schwere nur erahnen: Die Eltern wirkten besorgt und bedrückt, ohne den Kindern die Gründe nennen zu wollen. Vertraute Freunde oder Freundinnen mieden plötzlich den Umgang, wurden unfreundlich, feindselig, gehässig. Die deutsch-jüdischen Schüler mußten – ohne daß sie die Gründe verstanden – die ihnen vertraute Schule verlassen und die jüdische in der Kasernenstraße in Düsseldorf besuchen. Für viele bedeutete die Umschulung lange Anfahrten, die für die Eltern wiederum ein Grund ständiger Angst waren. In ihren Erinnerungen ›The Ninth of November‹ schildert die ehemalige Düsseldorferin Hannele Zürndorfer[2] ergreifend die bedrohliche Atmosphäre dieser Zeit, als der Terror untergründig wühlte, aber wegen der Olympiade noch nicht offen zutage treten sollte. Noch ›beschränkte‹ man sich auf Parolen wie ›Hier sind Juden unerwünscht‹ und überließ die antisemitische Hetzpropaganda extremen Zeitungen wie dem ›Stürmer‹ und der ›Volksparole‹.

Auch Düsseldorf trug zur Diskriminierung der jüdischen Mitbürger bei. Unter anderem veröffentlichte der Düsseldorfer Kunstverlag J. Knippenberg 1933 in einer Neuauflage ›Das Lied vom Levi‹ mit einem Text von Eduard Schwechten und Zeichnungen von Siegfried Horn – die Erstauflage war 1895 erschienen (Abb. 36). Für die Neuausgabe schrieb Hermann Bartmann ein Vorwort, dessen erster Satz lautet: »Dr. Eduard Schwechten ist einer von den Männern, die in den neunziger Jahren des vorigen Jahrhunderts die erste Saat des Antisemitismus ins deutsche Volk streuten«, eine Bemerkung, die zwar historisch falsch, aber deshalb nicht weniger abstoßend ist. Dem ›Lied vom Levi‹ hatte Schwechten 1893 eine Veröffentlichung ›An die Zigeuner‹ vorausgehen lassen, in der er nach Bartmann »das blöde Schlagwort der liberalen Demokratie: ›Gleiches Recht für alles, was Menschenantlitz trägt‹ witzig geißelt.« ›Witzig‹ sollte auch ›Das Lied vom

Wenn sich der Deutsche paart mit Juden, mit Kaffern und mit Botokuden, —
Da gibt es keinen guten Klang! drum prüfet, eh' ihr euch vereinigt,
Ob schliesslich nicht der Jud euch peinigt: der Wahn ist kurz, die Reu ist lang.

Lieblich in der Judenzeitung prangt die Phrasendrescherei,
Dass ohn' jegliche Bedeutung die german'sche Rasse sei.

Ja, der Menschheit Stolz und Krone sind die Herrn vom Sinai!
Was sind Deutsche ohne Kohne? Höchstens tolerantes Vieh!

36 Eduard Schwechten – Siegfried Horn *Das Lied vom Levi*
Neuauflage Düsseldorf 1933

Levi‹ sein, das – angelehnt an das Gedicht ›Die Glocke‹ von Friedrich von Schiller – den ganzen Katalog der antisemitischen Hetzpropaganda enthält. Man muß davon ausgehen, daß das Buch in seinem Erscheinungsort Düsseldorf weite Kreise erreichte. Derartige Publikationen waren direkte Vorläufer für infame Machwerke wie das berüchtigte Bilderbuch der Elvira Bauer ›Trau keinem Fuchs auf grüner Heid und keinem Jud bei seinem Eid‹, das der Stürmer-Verlag 1936 herausbrachte. Die Verfasserin kann als Musterbeispiel dafür gewertet werden, welche Auswirkungen die antijüdische Propaganda – vor allem des ›Stürmer‹ – auf eine dafür empfängliche Jugend hatte. Die Briefe von Jugendlichen an den ›Lieben Stürmer‹,[3] die eine beschämende Mischung aus Dummheit, Fanatismus und Geltungssucht darstellen, sind erschreckende Beweise hierfür; der ›Stürmer‹ zögerte nicht, sich bei diesen Briefschreibern mit Hilfsangeboten anzubiedern. Auch die achtzehnjährige Elvira Bauer forderte Hilfe. Um für ihr Kunststudium Geld zu verdienen, schrieb und zeichnete sie ein Buch, von dem sie annehmen konnte, daß ein nationalsozialistischer Verlag zugreifen würde. Die angeschriebenen Verlagshäuser lehnten jedoch ab – wohl leider nicht wegen des Inhalts, sondern wegen mangelnder künstlerischer Qualität –, doch der ›Stürmer‹-Verlag nahm sich des Machwerks an (Abb. 120–125).

Wie Eduard Schwechten hatte auch Elvira Bauer vor dem antisemitischen Werk ein anderes mit rassistischem Inhalt verfaßt. Ihre ›Zehn kleinen Negerlein‹ wurden von einem Verlag gekauft, ohne daß bislang Näheres darüber bekannt ist. ›Trau keinem Fuchs . . .‹ hingegen erschien in hoher Auflage, uns liegt die 5. Auflage (61.–70. Tausend) vor. Die Werbung erschien in der 48. ›Stürmer‹-Nummer 1936[4]:

»*. . . Solch unverlierbares Wissen von den Gefahren, die den nichtjüdischen Völkern vom Juden drohen, wird nur dann einem Volke werden, wenn Herz und Hirn schon in frühester Jugend (und damit in empfänglicher Zeit!) dafür in Anspruch genommen werden. Die Eindrücke, die man schon in frühester Kindheit empfängt, bleiben unverlierbar durchs ganze Leben. Soll also das, was wir das neue Deutschland heißen, von der nachfolgenden Jugend übernommen und wohlbehütet in die fernste Zukunft hinein geführt werden, dann muß diese deutsche Jugend schon frühzeitig mit dem Herzen für das gewonnen werden, was sie später sich erhalten und weitergestalten soll.*

Das Bilderbuch ›Trau keinem Fuchs auf grüner Heid und keinem Jud bei seinem Eid‹, das in diesen Tagen in die deutschen Lande hinausgeht, will mithelfen, mit freudigen Farben und verständlichen Ver-

sen der deutschen Jugend schon in ihrer Frühzeit Vermittlerin ernsten Wissens zu sein. Aber nicht nur für die kleinen Kinder hat Elvira Bauer dieses einzigartige Bilderbuch geschaffen. Auch für Große ist es bestimmt, denn

solange es noch Leute gibt, die da glauben, aus einem Juden könne man durch Taufe einen Nichtjuden machen, solange es noch Leute gibt, die in ihrem ›anständigen Juden‹ nicht den verkappten Teufel erkennen, solange es noch Leute gibt, die im Juden einen Volksgenossen sehen,

solange es noch solche Leute gibt, hat Elvira Bauer ihr einzigartiges Bilderbuch auch für große Kinder gemacht.

Wer zu großen und kleinen Kindern sprechen will, muß die Sprache des Kindes und seine Aufnahmefähigkeit kennen. Elvira Bauer weiß, wie man es dem großen und kleinen Kinde sagen muß. Und groß und klein werden es ihr danken, daß sie das erste und beste Bilderbuch schuf, das man im neuen Reich mit seinem neuen Volk auf jeden Weihnachtstisch legen soll.«

Man kann sich kaum vorstellen, daß Eltern dieses Buch tatsächlich ihren Kindern auf den Weihnachtstisch gelegt haben, wahrscheinlicher ist eine weite Verbreitung unter Erwachsenen, den schon vorsorglich in der Werbung angesprochenen ›großen Kindern‹, und eine unkontrollierte und eher heimliche Verteilung unter fanatisierten Jugendlichen, die auf diese Weise ihre Altersgenossen ›aufklären‹ wollten. Bezeichnenderweise findet sich das Buch nicht in den Auswahllisten des Nationalsozialistischen Lehrerbundes.[5]

Ein weiteres Medium, das Kinder im Sinne des Nationalsozialismus beeinflussen konnte, waren Spielzeuge und Spiele. Belege dafür wie der Hitler-Junge als Puppe (Abb. 119) sind heute selten, weil solche Spielzeuge nach 1945 zerstört wurden. Das ›Idealbild‹ der Hitler-Jugend hat Elvira Bauer in ihrem Buch gezeigt: Kolonnen blonder Jungen mit völlig identischen Gesichtern könnten direkt aus Aldous Huxleys ›Schöner neuer Welt‹ entsprungen sein, der erschreckenden Vision einer Menschheit aus der Retorte, erschienen im Jahre 1932.

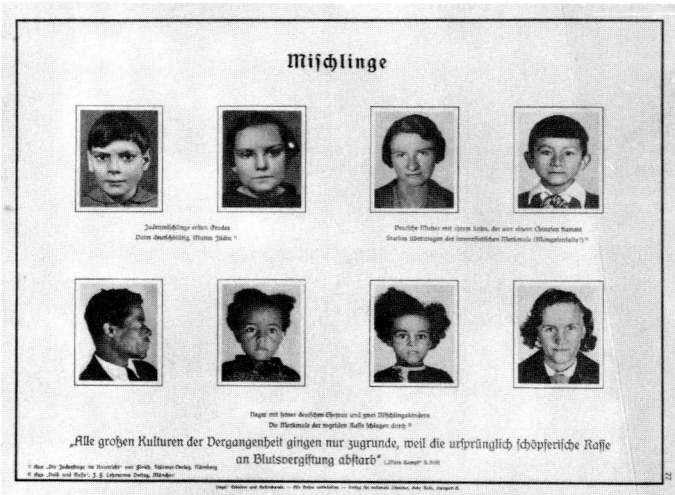

37/38 Alfred Vogel *Erblehre, Abstammungs- und Rassenkunde
in der bildlichen Darstellung*, 2. Aufl. Stuttgart 1938
a) Mischlinge
b) Deutsche Jugend – Jüdische Jugend

Während die genannten Beispiele vielleicht nicht
allen deutschen und deutsch-jüdischen Kindern und
Jugendlichen vor Augen kamen, so wurden sie insgesamt von der Rassenkunde in der Schule betroffen
(Abb. 37, 38). Dieser Indoktrination mit inneren
Vorbehalten zu begegnen, war wohl nur wenigen
möglich. Die Auswirkungen der Rassenkunde sind
noch heute bei vielen Menschen zu spüren, und sie
sind sich dessen nicht einmal bewußt.

Die genannten Tatsachen betrafen alle deutsch-
jüdischen Kinder; jede der in dieser Ausstellung
gezeigten Schülerarbeiten spiegelt nicht nur das
Schicksal der betroffenen Gruppe, sondern gleicher-
maßen die individuellen Erfahrungen und Ausein-
andersetzungen wider. Wir können hier nur eine
zusammenfassende Interpretation der Arbeiten an-
bieten.

Um die Entstehungsgeschichte der Bilder richtig
beurteilen zu können, muß noch einmal daran erinnert werden, daß der Lehrer Julo Levin schon
Erfahrungen mit dem nationalsozialistischen Terror
gemacht hatte. Die Einstellung der Machthaber
kannte er daher genau, er hoffte nur, daß dies nicht

auch die Einstellung des gesamtdeutschen Volkes
sei. Levin war 1933 im Zuge der Massenverhaftung
von Kommunisten festgenommen worden und hatte
außerdem Folter und Haft von Bekannten und
Freunden miterlebt. Einige seiner Freunde waren
inzwischen ins Exil geflohen. Levin reagierte auf
diese Verfolgungen mit dem ergreifenden Gemälde
›Hiob‹ (1933/34), das den gequälten Menschen einer
kalten, feindlichen Welt preisgegeben zeigt (Abb. 8).

Mit seinem Wissen und seinen Erfahrungen
konnte Levin keinen Zeichenunterricht erteilen, der
die Situation verharmloste. Sicher aber forderte er
seine Schüler nicht zu bildlichen Aussagen auf, die
sie gefährden mußten. Wenn einzelne Bilder dennoch zu kritisch erscheinen, dürfte dies auf die
Spontanität der Schüler zurückzuführen sein – vielleicht auch ein Grund dafür, daß Levin die Werke
an sich genommen hat.

77

Julo Levin besaß keine Ausbildung als Kunst-erzieher, sein Interesse am kreativen Talent von Kindern reichte aber bereits zehn Jahre zurück. Else Levin, die Schwester, erinnert sich:

»Julo Levin und sein Freund Otto Pankok verbrachten 1926 einige Wochen in Crudenburg bei Xanten. Ein Bekannter von Otto Pankok, der in der Dorfschule in allen Fächern unterrichtete, bot den Malern die Möglichkeit, die Kinder für zwei Wochen im Zeichnen zu unterrichten, ein ihnen bis dahin unbekanntes Fach. Die beiden Maler fanden in dieser ländlichen Umgebung künstlerisch unbeeinflußte Kinder, die nur ihre angeborene Kreativität einbringen konnten. Deshalb wollten die beiden Maler die Schüler nicht beeinflussen, sondern nur ihr Interesse wecken. Die Kinder sollten ihre Ideen und Vorstellungen mit Bleistift und Farbstift auf dem Zeichenblock zum Ausdruck bringen.

Zusammen mit den Kindern wanderten die beiden Maler durch die niederrheinische Landschaft um Crudenburg. Oftmals ging Julo frühmorgens auch allein mit Staffelei und Zeichenmaterial los, um die Landschaft zu skizzieren und zu malen. Ein Mädchen aus der Klasse entdeckte ihn dabei und benachrichtigte die anderen Schüler: ›Ich habe ihn gefunden!‹ Die Kinder versammelten sich schon morgens um ihn. Bald wurde es für Julo Levin zu unruhig, und er verließ sein Haus schon um sechs Uhr morgens, um ungestört arbeiten zu können. Einige Tage lang fragten die Kinder vergeblich bei Levins Hauswirtin nach: ›Wo ist der Moler?‹

Einmal nahm ich an einer Malstunde teil. Zunächst wurde gefragt: ›Was sollen wir malen?‹ Dann kam ein Schüler auf den Gedanken: ›Darf ich dich zeichnen, Herr Moler?‹ Der Vorschlag fand allgemeine Zustimmung. Auch ich wurde porträtiert. Die Ergebnisse waren aufregend. Die besten Porträts behielt Julo für seine Sammlung. Wo mögen sie geblieben sein?

Julo überredete die Kinder, große Zeichenblöcke zu verwenden. Das große Format wirkt befreiend, während das kleine Format beengen kann.

Otto Pankok sorgte für eine ganz besondere Überraschung. In einem Wäldchen waren eine Reihe von Bäumen gefällt worden. In die Schnittstellen hatte Pankok Köpfe von Wurzelmännchen geschnitzt, jedes Gesicht sah anders aus. Pankok bemalte sie und setzte

ihnen glühende Kohlenaugen ein, die abends gespenstisch leuchteten.

Unter den Schulkindern befand sich ein Junge, der mit besonderer Liebe an seinem Pferd hing. Julo ermunterte ihn, seinen Kameraden zu zeichnen. Begeistert machte sich der Junge ans Werk. Julo zählte diese spontane Zeichnung zu den besten in seiner Sammlung. Zeigte er später dieses Bild seinen Freunden, fügte er hinzu: ›Bevor wir ausgebildeten Maler uns wieder so originell und lebendig auszudrücken vermögen, können noch zehn Jahre vergehen.‹«

Als Julo Levin 1936 seine Stelle als Zeichenlehrer antrat, half ihm sein Freund Franz Monjau, der aus politischen Gründen nicht als Lehrer tätig sein durfte, bei der Planung der Stunden. Zusätzlich benutzte Levin kunstpädagogische Literatur, über die er schon Jahre zuvor mit Carl Lauterbach gesprochen hatte.[6]

Die Rahmenrichtlinien für den Zeichenunterricht lassen sich ungefähr abgrenzen. 1934 gab die Reichsvertretung der Deutschen Juden ›Richtlinien zur Aufstellung von Lehrplänen für jüdische Volksschulen‹ heraus, in denen es heißt: »Der notwendigen Berufsumschichtung wird durch die Pflege manueller Ausbildung (Zeichnen, Nadelarbeit, Werkunterricht) die Bahn bereitet werden.« In dem Bericht über ›Die private jüdische Volksschule Düsseldorf‹, den der Schulleiter Dr. Kurt Herz Januar 1937 einreichte, wird das Ziel des Zeichenunterrichts so formuliert: »Der Zeichenunterricht soll die Kinder zu eigenem Gestalten bringen ...« 1937 wurde auch eine neue Fassung der ›Richtlinien ...‹ vorgelegt. Zum Fach Zeichnen heißt es: »Der Zeichenunterricht hat seine Stoffe in allen Schuljahren auch aus dem jüdischen Lebenskreis der Kinder zu nehmen. Bilder aus dem religiösen Familien- und Gemeinschaftsleben, Gegenstände des Kultus, biblische und andere jüdische Stoffe finden zeichnerische Darstellung.« Wie dies im einzelnen aussehen könnte, wird detaillierter in dem Aufsatz ›Das jüdische Motiv im Kunstunterricht‹ dargelegt, den Otto Geismar für den Band ›Didaktik der jüdischen Schule‹ (1938) verfaßte.[7] Geismar teilt die acht Pflichtschuljahre in drei Gruppen: 1. und 2. Schuljahr (Einzelgegenstände und Einzelpersonen), 3. und 4. Schuljahr (Erlebnisbilder), 5. bis 8. Schuljahr (Zeichnen nach der Natur). Der breitgefächerte Themenkatalog wiederholt sich in den einzelnen Stufen.

Trotz des großen Bestandes an erhaltenen Arbeiten handelt es sich nur um einen Bruchteil der erstellten Werke. Wir wissen nicht, nach welchen Kriterien Levin die Bilder sammelte. Ein kleiner Teil, der für die vorliegende Auswahl nicht berücksichtigt wurde, stammt von jüngeren Kindern aus dem jüdischen Kindergarten in Düsseldorf, von jungen Bekannten Levins aus Düsseldorf, Stettin und möglicherweise anderen Städten. Die Schülerarbeiten, die als solche bestimmt werden können, reichen vom 4. bis zum 10. Schuljahr. Levin behielt keineswegs nur die mit den besten Zensuren, er ließ sich wohl die Bilder, die ihn wegen ihrer Qualität und Originalität (auch bei mangelnder Technik) besonders beeindruckten, von den Schülern schenken, soweit sie sich davon trennen mochten.

Aus dem Jahr 1936 sind nur wenige datierte Arbeiten erhalten. Allerdings entstand damals eines der ergreifendsten Werke der ganzen Sammlung, der ›Hiob‹ (Oktober 1936) von Ilse Marx (9. Schuljahr; Abb. 55). Wir haben bereits Levins eigenes Ölbild ›Hiob‹ (1933/34; Abb. 8) erwähnt. Dieses Gemälde könnte die Schülerin gekannt und als Anregung verarbeitet haben. Während Levin seinen Hiob als mühsam auf dem Boden kriechende Figur darstellt, sitzt der von Ilse Marx mit angezogenen Beinen auf der Erde, den Körper angespannt aufgerichtet, den Kopf zurückgeworfen und den Mund im Schrei weit geöffnet. Dieser Hiob lehnt sich gegen sein Schicksal auf, eine Interpretation, die eher der Auffassung eines jungen Menschen entspricht.

Das 9. Schuljahr, in dem das Bild entstand, war eine Aufbauklasse, in deren Mittelpunkt die Vorbereitung für den künftigen Beruf, für das Leben in einem fremden Land stand. Von der ehemaligen Düsseldorfer Lehrerin Beatrice Strauß, die über das 9. Schuljahr 1936/37 in Düsseldorf – also der Klasse von Ilse Marx – einen Erfahrungsbericht für die schon erwähnte ›Didaktik der Jüdischen Schule‹

verfaßte,[8] wissen wir, daß geistige Eigenständigkeit und selbständiges Arbeiten das Ausbildungsziel waren. Die Sturmzeichen der Zeit forderten einen anderen Frauentyp, als ihn die zum Teil traditionell eingestellten Eltern von ihren Töchtern erwarteten. Der Bericht von Frau Strauß läßt durchblicken, daß die psychologische Situation für die Mädchen besonders schwierig war. All dies mag erklären, wie es zu der einzigartigen Darstellung des Hiob kommen konnte; das Thema tritt in den erhaltenen Arbeiten nicht wieder auf.

Im Dezember 1936 entstand das Bild ›Zeichenstunde‹ (Abb. 56), dessen Inhalt eine in Sprechblasen festgehaltene Unterredung zwischen Lehrer und Schüler ist. Lehrer: »Und nächstens sprichst du nicht.« Schüler: »Ich habe nicht gesprochen.« Der Lehrer dürfte ein Porträt Julo Levins sein. Eine Zeichnung Gerd Westfelds aus demselben Monat, die den Titel ›Roosevelts Sieg‹ trägt, scheint den Geschichtsunterricht wiederzugeben. Auch hier könnte der Geschichtslehrer porträtiert sein.

Eine Ausnahme unter den erhaltenen Werken stellt eine Tuschzeichnung vom Oktober 1937 dar, die in naturgetreuer Weise ein Porträt des Rabbiners Dr. Siegfried Klein bietet, der den Religionsunterricht an der Schule erteilte (Abb. 47). Die Zeichnung enthält keinen Namen, aber der Zensurvermerk ordnet sie gesichert in die Schülerarbeiten ein.

Aus demselben Monat hat sich eine sorgfältig ausgeführte Bleistiftzeichnung von Dora Moritz (6. Schuljahr) erhalten, die einen Mann im Ornat als Brustporträt zeigt. Auch hier handelt es sich möglicherweise um den Rabbiner (Abb. 46).

In Düsseldorf beschäftigte sich im Oktober und November 1937 das 7. Schuljahr mit dem Thema ›Schulkonzert‹. Marianne Seligmann malte es (Abb. 74). Das Orchester aus sechs Musikern und einem Sänger – möglicherweise handelt es sich um Porträts von Mitschülern – scheint ernste Musik aufzuführen. Kurt Mayer hingegen schildert ein von Schülern gegebenes Jazz-Konzert (Abb. 75). 1938 gab es in Düsseldorf nicht nur die Ausstellung ›Entartete Kunst‹, sondern auch die der ›Entarteten Musik‹. Die zu diesem Anlaß erschienene Broschüre zeigt auf dem Titelblatt die Karikatur eines schwarzen Jazz-Musikers mit einem Judenstern auf dem Revers (Abb. 118). Kurt Mayers Bild steht im bewußten Gegensatz zu der offiziell diktierten Ablehnung der Jazz-Musik. Allerdings spielte diese Verurteilung für die deutsch-jüdischen Schüler keine Rolle, was sie künstlerisch schufen, galt ja von vornherein als ›entartet‹.

Zur Gruppe ›Lehrerporträts‹ ist noch eine Zeichnung aus Berlin zu rechnen, die auf witzige Weise einen ›Wettlauf der Lehrer‹ festhält (Abb. 99).

Eine beträchtliche Zahl der Schülerarbeiten beschäftigt sich mit dem Thema Stadt, städtisches Leben und Verkehr. Sie alle zeigen die unmittelbare Umgebung der Kinder. Im allgemeinen schildern sie den ungestörten Tagesablauf, aus unserer heutigen Sicht wissen wir um die Einbrüche in diese friedlichen Szenerien. Eine Zeichnung eines jüngeren Kindes erzählt von Flugzeugen über einer Stadt (Abb. 90). Flugzeuge und Zeppeline waren besonders für die Jüngeren faszinierende Erscheinungen und ein beliebtes Motiv in den Zeichnungen. Über Düsseldorf flogen aber nicht nur harmlose Maschinen, sondern unter anderem auch die Reklame-Flugzeuge des ›Stürmer‹.

Neben Ereignissen wie Kirmes oder Zirkus gibt es einige typische Düsseldorfer Motive aus der Topographie der Stadt oder aus ihrem Brauchtum, so wurden einzelne Motive aus dem Hofgarten, einer alten innerstädtischen Grünanlage, gemalt. Das ausgewählte Beispiel vom November 1937 zeigt den ›Gröne Jong‹ (Grüner Junge, Abb. 80), eine moosbewachsene Brunnenfigur, die einen Triton darstellt. Aus dem Triton, der von einem Nilpferd erschreckt wird, machte der Schüler einen grünen Teufel, ein Motiv, unter dem er sich mehr vorstellen konnte.

Der Düsseldorfer Marktplatz, auf dem ein Reiterstandbild des Jan Wellem (Kurfürst Johann Wilhelm von der Pfalz, 1658–1716) steht, wurde zweimal unter dem Thema ›Altstadt‹ dargestellt. Im November 1937 benutzte Gerhard Wahrenberg (7. Schuljahr) das Motiv, um das bunte Markttreiben wiederzugeben (Abb. 69). Zu sehen ist außerdem ein Junge, der ein Rad schlägt. Die Düsseldorfer Lokal-

tradition verbindet den Brauch des Radschlagens mit einer Episode bei der Hochzeit des Kurfürsten Jan Wellem. Die ›guten alten‹ Zeiten des Jan Wellem werden in Düsseldorf noch heute nostalgisch beschworen. Darauf bezieht sich in anrührender Weise auch der zehnjährige H(einz) Leopold. In seiner Zeichnung des Marktplatzes vom Oktober 1937 legt er einem Passanten die Worte in den Mund: »Wie er [d. h. Jan Wellem] lebte, waren noch bessere Zeiten« (Abb. 68). Wie die Gegenwart aussehen konnte, erzählt ein anderes Bild. Drei Hausfrauen haben sich auf einem weiten Platz getroffen und stecken die Köpfe zusammen, um Heimlichkeiten und Verleumdungen auszutauschen (Abb. 116).

Die politische Gegenwart schlägt sich unmittelbar in zwei Zeichnungen jüngerer Kinder nieder. Die eine zeigt einen Mann in der Uniform der SA (Sturm-Abteilung), (Abb. 92), auf der anderen fährt ein Lastwagen an einem Haus mit einer Hakenkreuzfahne vor. Der Zeichner dieses Bildes war fünf Jahre alt (Abb. 91).

Zu den Themen aus der näheren und weiteren Umgebung Düsseldorfs gehört eine ›Weinlese am Rhein‹, ganz romantisch aufgefaßt. Dem technischen Können nach entstand dieses Bild in einem 8. oder 9. Schuljahr. Von einem jüngeren Schüler oder einer Schülerin stammt eine sorgfältig mit Buntstiften ausgeführte Darstellung des Hermannsdenkmals im Teutoburger Wald (Abb. 83). Das nationalpatriotische Denkmal des Cheruskerfürsten Arminius (Hermann ist ein historisch nicht belegter Name für Arminius), der die Römer in einer Schlacht besiegt hatte, war und ist ein beliebtes Ziel für Klassenausflüge, hier kann man Besichtigungen und Wanderungen bequem miteinander verbinden.

Spaziergänge und Wanderungen waren ebenfalls häufige Themen im Zeichenunterricht, zum Teil stehen sie mit den Jahreszeiten in Zusammenhang, andere können sich auf die – von der deutschen Gesetzgebung stark eingeschränkten – Tageswanderungen der jüdischen Bünde beziehen. Zünftige Wanderer führt das Bild ›Tippelbrüder‹ vor: zwei junge Männer in Lederhosen mit Rucksäcken auf dem Rücken (Abb. 82).

Ausgesprochen naturverbundene oder ländliche Themen sind ebenfalls zahlreich vertreten. Als Beispiele sollen die ›Baumschule‹ (Abb. 89), der ›Holzhauer‹ (Abb. 93), der ›Sämann‹ (Abb. 94), der ›Melker‹ oder die ›Melkerin‹ und die ›Bäuerin‹ genannt werden. Bei der Bäuerin kommt ein besonderes Interesse an der Tracht hinzu. Die genannten Themen überschneiden sich teilweise mit einer anderen Gruppe, in der offensichtlich Berufe dargestellt werden sollten. Es gibt den ›Schneider‹, den ›Friseur‹, den ›Straßenarbeiter‹, den ›Bergmann‹ und andere. Nicht als Thema gestellt oder nicht erhalten haben sich einzelne Bilder von Schreinern oder einer Schreinerwerkstatt, obwohl Julo Levin aus der Überlegung, eine solche Ausbildung könnte ihm beim Kampf ums Überleben nützen, Schreinern gelernt hatte.

Eine Sonderstellung nehmen einige Bilder ein, in denen Einbrecher oder wie in dem Werk von Leo-Wolf Klarmann (6. Schuljahr, Oktober 1937) ein ›Dieb‹ vorkommen. Der Dieb, der offenbar intensiv seiner Arbeit mit einem Dietrich nachgeht, ist nicht ohne Sympathie geschildert (Abb. 72).

Aus dem Bereich Familie gibt es einige Darstellungen. Andere mögen dazugehören, weil mit einigen Personen, die nicht näher gekennzeichnet sind, Eltern oder Großeltern gemeint sein können. Außergewöhnlich ist ein Bild, auf dem sich eine offensichtlich arme Familie um den Küchentisch versammelt hat (Abb. 115). Direkte Hinweise auf soziales Elend sind die Ausnahme. Eher wird in den Bildern ein gutbürgerliches Milieu – und sei es als Wunschbild – vorgeführt, wie auf dem Blatt, das eine elegante Frau vor einer Spiegelkommode zeigt, die sich gerade einen Hut aufsetzt (Abb. 114).

Diese unspektakulären Bilder aus dem familiären Bereich, aus der Heimatstadt und ihrer näheren Umgebung, gewinnen ihre traurige Bedeutung aus der politischen Situation. Aus dieser Umgebung, in der die Schüler tief verwurzelt waren, sollten sie systematisch vertrieben werden.

Ein Ziel der Schulausbildung war die geistige Vorbereitung auf die Auswanderung, um den Schülern eine realisierbare Zukunftsperspektive zu geben und den Bruch mit allem Gewohnten zu erleichtern. Die Beschäftigung mit fremden Städten und Ländern spielte deshalb auch im Zeichenunterricht eine wichtige Rolle. Es gab zum Beispiel das Thema Weltreise, unter dem fremde Städte dargestellt werden konnten. Die Phantasie der Schüler beschäftigte sich aber vorwiegend mit den exotischen Reizen ferner Länder. Der Cowboy in Amerika (Abb. 60), verschleierte Frauen im Orient, eine grazile Inderin, die vor einem Fürsten tanzt (Abb. 61), sind hierfür auffällige Beispiele. Eine kritischere Sicht wie in der Darstellung eines chinesischen Kulis, der einen arroganten Europäer in einer Rikscha zieht, ist die Ausnahme (Abb. 62). Afrika und der Orient sind Themen, die Levin mehrfach in den verschiedenen Klassen gestellt hat. Wasserträger und Wasserträgerinnen, Beduinen und Kamele und andere zum Teil noch nicht identifizierte orientalische Szenen wurden sicherlich durch das Fach Palästina-Kunde mitangeregt.

Auffällig ist die Tatsache, daß Levin das Thema Afrika häufiger vergeben hat. Dies war wohl durch Levins Freundschaft mit dem schwarzen Schiffskoch in Marseille (1931) bedingt. In diesem Zusammenhang darf vielleicht auch eine Zeichnung gesehen werden, die von ihrer ganzen Anlage her in den Komplex ›Maske‹ passen würde. Das Bild enthält keinerlei schriftliche Hinweise auf Namen, Datum usw. Der dargestellte Schwarze wirkt aber nicht so sehr wie eine Maske, sondern wie der Versuch eines Porträts aus der Phantasie (Abb. 58). Levin hatte Ibrahim so häufig dargestellt, daß das betreffende Kind vielleicht ein Bild gesehen haben könnte. Die Technik ist nicht vollkommen, die Darstellung ist aber weder klischeehaft noch abwertend gemeint. Eine andere Darstellung, die die eindeutige Bezeichnung ›Afrika‹ trägt, zeigt die friedliche Begegnung zweier afrikanischer Bogenschützen, ohne daß die Schülerin auf Rassenmerkmale eingeht (Abb. 59). Von völkerkundlichen Interessen sprechen zwei Bilder mit maskierten Tänzern, die besonders eindrucksvoll gelungen sind (Abb. 97, 98).

Das Thema der Schwarzafrikaner konnte vielleicht noch durch den völkerkundlichen Zusam-

menhang vor den Rassenfanatikern des ›Dritten Reiches‹ begründet werden, für das Thema ›Zigeuner‹
gab es keine Begründung, die offiziell akzeptiert
worden wäre. Schwarze, Sinti, Roma und Juden
waren die Menschengruppen, die, als ›minderwer-
tig‹ eingestuft, dem ›arischen‹ Menschen im Rasse-
kunde-Unterricht entgegengestellt wurden. Die ent-
sprechenden Bildtafeln gehörten zum Pflicht-Unter-
richtsfach der deutschen Schulen.

Auf seiner Reise nach Marseille hatte sich Levin
mit einigen Sinti so angefreundet, daß er sie porträ-
tieren durfte. Einige dieser Aquarelle haben sich
erhalten.

Das Schicksal der Sinti, die von dem nationalsozialistischen Terror ebenfalls erbarmungslos
verfolgt und ermordet wurden, war Levin durch
seinen Freund Otto Pankok bekannt (Abb. 39—41).
Dieser hatte sich mit den Sinti, die Anfang der
dreißiger Jahre in Düsseldorf lebten, angefreundet
und die Zerstörung ihres Lagers und die Verschlep-
pung der Bewohner miterlebt.

Den Schülern war das Schicksal der Sinti wohl
nicht in seiner Schwere bewußt, die erhaltenen
Schülerarbeiten weisen mehr auf die allgemein ver-
breitete Vorstellung vom ungebundenen, sorglosen
Zigeunerleben mit seinen scheinbar malerischen
Aspekten hin. Bemerkenswert bleibt die Tatsache,
daß das Thema sowohl in Düsseldorf (Oktober 1937)
als auch in Berlin (November 1939) bearbeitet wurde
(Abb. 70).

Auch literarische Themen, die im Deutschunterricht besprochen wurden, finden sich in einigen Bildern. Es wurden die Balladen ›Der Handschuh‹ und
›Die Bürgschaft‹ von Friedrich von Schiller und ›Der
blinde König‹ von Ludwig Uhland behandelt. Die
Illustration zum ›Handschuh‹ gibt folgende Strophe
wieder:

Da fällt von des Altans Rand
Ein Handschuh von schöner Hand
Zwischen den Tiger und den Leun
Mitten hinein.

82

40 *Zigeunerlager*
Düsseldorf 1930/33
(In der Mitte wohl
Eva Pankok, Foto
von Otto Pankok,
Otto-Pankok-
Archiv)

41 *Zigeunerlager*
Düsseldorf 1930/33
(Foto von
Otto Pankok,
Otto-Pankok-
Archiv)

83

Die Besitzerin des Handschuhs, eine Dame am Hofe König Franz I. von Frankreich, fordert einen Ritter, der sie aufrichtig liebt, spöttisch auf, den Handschuh aus dem Raubtierkäfig zurückzuholen. Dem Ritter gelingt das kühne Unterfangen, und die Ballade endet mit den für einen Jugendlichen sehr befriedigenden Zeilen:

Und er wirft ihr den Handschuh ins Gesicht:
»Den Dank, Dame, begehr ich nicht!«
Und verläßt sie zur selben Stunde.

Die Illustration zur ›Bürgschaft‹ verteilt sich mit mehreren Episoden über vier Bildfelder. Dieses Loblied auf treue Freundschaft trotz drohender Lebensgefahr wird hier in den Bildern in komischer Weise dargestellt. Das Gedicht reizte immer wieder zu Parodien und wurde bei so mancher Schulaufführung persifliert. Für die beiden Balladen von Schiller hat sich jeweils nur eine Illustration erhalten, während die Aufgabe, das Gedicht ›Der blinde König‹ zu illustrieren, im Dezember 1937 einer Klasse gestellt wurde. Die Ballade gehört zu den Werken, die mit viel Pathos nordische Heldensagen erzählen:

Was steht der nordschen Fechter Schar
Hoch auf des Meeres Bord?
Was will in seinem grauen Haar
Der blinde König dort.

Er will seine von einem Räuber entführte Tochter befreien lassen, wozu sich nur der Sohn des Königs bereit erklärt. Nach heftigem Kampf tötet der Königssohn den Räuber und bringt die Schwester zum Vater zurück. Die Dramatik der Ballade liegt darin, daß der König wegen seiner Blindheit auf andere angewiesen ist und auch den Kampf nur mit dem Gehör verfolgen kann. Die ausgewählte Illustration (Abb. 79) zeigt den Zweikampf zwischen dem Räuber und dem Königssohn.

Aus dem Bereich der Dramen lassen sich in den Zeichnungen ›Wilhelm Tell‹ von Friedrich von Schiller und ›Ein Sommernachtstraum‹ von William

Shakespeare nachweisen. Die Bilder zum ›Sommernachtstraum‹ beschäftigen sich − naheliegenderweise − mit den komischen Handwerkerszenen (Abb. 100). Aus der Geschichte Wilhelm Tells aber wurde nicht der Apfelschuß, der sich wegen seiner Dramatik und wegen der Gefährdung des jungen Sohns des Helden anbietet, gewählt, sondern der Rütli-Schwur. Levin ließ also nicht die individuelle Heldentat, sondern den Zusammenschluß der Schweizer Freiheitskämpfer darstellen (Abb. 78).

Außer den schon genannten Themen finden sich Märchen, Bilder aus der antiken Herkules-Sage und anderes mehr. Wegen der Entstehungszeit (Januar 1940) besonders ergreifend ist die vereinzelte Darstellung des Schlaraffenlandes, des Landes, in dem alle Bewohner reichlich zu essen haben und sorglos leben können (Abb. 113).

Möglicherweise ebenfalls auf literarische Vorlagen gehen einige Bilder zurück, deren inhaltlicher Zusammenhang aber bislang ungeklärt ist. Dazu gehört eine Kampfszene, die Albert Tell in beinahe vorgeschichtlicher Sehweise darstellt (Abb. 101). Von Juni und September 1939 stammen zwei Szenen, die inhaltlich zusammengehören und beide von Schülerinnen der 8. Klasse geschaffen wurden. Die frühere Version zeigt vor einem Haus mit französischer Fahne zwei Sanitäter, die einen Verwundeten auf einer Liege abtransportieren, während sich ein Kriegsinvalider um den Verwundeten bemüht (Abb. 108). Die spätere Arbeit bildet eine Gruppe von Kriegsinvaliden vor Ruinen ab (Abb. 109). Zwischen den beiden Bildern liegt der Ausbruch des Zweiten Weltkrieges. Die Kriegsvorbereitungen und die Angst vor dem Krieg sind sicherlich ein Grund für diese beiden Bilder, die inhaltlich jedoch eine Szene aus dem Ersten Weltkrieg wiedergeben. Kurz vor Ausbruch eines Krieges Kriegsinvaliden darzustellen, war gefährlich, auch wenn die abgebildeten Soldaten Franzosen waren. In Kriegsbildern auf deutscher Seite durfte es nur strahlende Helden geben, bei Darstellungen des Gegners konnte noch immer von peinlichem Realismus gesprochen werden, weil hier ein unerwünschtes Mitgefühl mit dem ›Feind‹ geweckt wurde. So eingestufte Werke

wurden beschlagnahmt und zerstört, das bekannte-
ste Beispiel sind die ›Kriegskrüppel‹ von Otto Dix
(Abb. 42).

Wie es den Ausbildungsrichtlinien der jüdischen
Schulen entsprach, ist der Anteil der jüdischen Themen unter den Schülerarbeiten sehr hoch. Ein
undatiertes Bild zeigt zwei bärtige Juden, ein
Thema, das in dieser allgemeinen Formulierung
selten vorkommt (Abb. 84).

Nach dem erhaltenen Bestand hat Levin keine
einzelnen Kultgeräte malen oder entwerfen lassen.
Sie kommen nur in größerem Zusammenhang vor.
Eine kindliche Buntstiftzeichnung von Ellen Wallach (4. Schuljahr, September 1937) zeigt einen mit
dem Gebetsmantel bekleideten Schofarbläser.
Andere Darstellungen, die sicher mit dem jüdischen
Neujahrsfest verbunden werden könnten, wurden
bislang nicht identifiziert.

Sowohl in Düsseldorf als in Berlin stellte Levin die
Aufgabe, den Tempel in Jerusalem und Synagogen
darzustellen. Das Bild von Max Rosner (4. Schuljahr, Dezember 1937), gehört zum Themenkreis
des Chanukka-Festes (Abb. 85). Das dargestellte
Gebäude meint den Tempel in Jerusalem. Er ist
durch ein hohes Tor und seitliche Türme mit Kup-
peldächern gekennzeichnet. Auf dem Gebäude steht
ein siebenarmiger Leuchter. Von rechts schreiten
drei Männer auf den Tempel zu. Männer, Tempel
und Leuchter sind durch Judensterne gekennzeichnet. Gemeint ist die Neuweihe des Tempels durch
Judas Makkabäus.

Ein lebhaftes Bild vom Inneren der Synagoge
malte Gisa Blau im November 1939 (Abb. 111), also
ein Jahr nach der Zerstörung der Synagogen.

Biblische Themen, die nur vereinzelt vorkommen,
sind neben dem bereits erwähnten ›Hiob‹, die ›Him-
melfahrt des Elias‹, die ›Kundschafter aus Kanaan‹
(Oktober 1938), ›Lots Flucht aus dem brennenden
Sodom‹ (August 1939, Abb. 110) und ›Noah entsendet die Taube‹ (August 1940, Abb. 117). Das letztge-
nannte Bild verkörpert eine aus der Verzweiflung
geborene Hoffnung, daß die ›Sintflut‹, die die noch
im Machtbereich der Nationalsozialisten lebenden
Juden zu verschlingen drohte, zurückweichen möge.

42 Alfred Vogel *Erblehre, Abstammungs- und Rassenkunde in
der bildlichen Darstellung* 2. Aufl. Stuttgart 1938

Januar und Februar 1937 wurden im 7. Schuljahr
mehrere Szenen aus dem Leben des Moses illu-
striert, die mit der Pessach-Feier zusammenhängen.
Zwei Versionen der Auffindung des Moses zeigen
die unterschiedlichen Gestaltungsweisen der Schüler. Ein Bild beschränkt die Szene auf eine Großauf-
nahme der Tochter des Pharao mit dem Binsenkorb
und Moses (Abb. 48). Eine andere Formulierung
gibt auf die wesentlichen Personen und geographi-
schen Angaben beschränkt die Situation im ganzen
wieder (Abb. 50). Weitere Themen sind die Fronarbeit in Ägypten, Moses erschlägt den Aufseher, Auszug aus Ägypten und Teilung des Roten Meeres
(Abb. 49, 51, 52).

Ein Thema stellte Levin jedes Jahr im Februar
beinahe in allen Schuljahren. Er ließ ›Masken‹
malen (Abb. 57). Die Masken variieren von beinahe
porträthaften Darstellungen bis zur Karikatur. Nur
selten handelt es sich um echte Masken, die Schüler
verstanden die Aufgabe meist im Sinne von
geschminkten Gesichtern.

Diese Masken haben wohl weniger mit dem Kar-
nevalstreiben in Düsseldorf zu tun, das sich nach-
weisbar nur selten auf den Zeichnungen findet, als
mit den heiteren Bräuchen des Purim-Festes. Nicht

nur Masken, auch Kostümfeste wurden dargestellt. Von diesen Festen sind die Schulaufführungen mit musikalischen und tänzerischen Darbietungen nicht sicher zu trennen. Möglicherweise gehört in diesen Zusammenhang auch der undatierte ›Kosakentanz‹ (Abb. 77), den der Düsseldorfer Schüler Rolf Cahn gemalt hat.

Um den Zeitpunkt des Purim-Festes vergab Levin aber nicht nur die fröhlichen Klassenarbeiten, sondern auch die ernsten Themen der biblischen Esther-Geschichte, die den Hintergrund bilden. Mehrmals dargestellt wurde die Verschwörung der Hofbeamten Bigthan und Teresch gegen den persischen König Ahasver, die der Jude Mardochai belauschte und von seiner Nichte, der Königin Esther, dem König melden ließ (Abb. 107). Wenig später plante Haman, der mächtigste Ratgeber des Königs, die Vernichtung aller unter persischer Oberhoheit lebenden Juden und die Beschlagnahme ihres Besitzes, weil Mardochai und das jüdische Volk sich weigerten, einem königlichen Erlaß zu folgen und das Knie vor Haman zu beugen. Esther konnte den König umstimmen und somit das entsetzliche Schicksal von ihrem Volk abwenden. Mardochai wurde vom König belohnt, Haman endete an dem Galgen, den er für Mardochai hatte errichten lassen. Die Errettung des jüdischen Volkes vor der Ausrottung bekam im ›Dritten Reich‹ höchste Aktualität.

Die Szenen aus dem Buch Esther, die sich in den Werken der Schüler erhalten haben, sind außer der Verschwörung ein Triumphzug, den Haman für Mardochai ausrichten mußte, und die Fürbitte Esthers beim König.

Im März 1938 entstand im 4. Schuljahr eine ungewöhnliche Buntstiftzeichnung. Sie zeigt einen großen uniformierten Mann, dessen braune Mütze und braune Jacke an die Uniformen der SA erinnern (Abb. 85). Vor ihm verbeugen sich rechts und links Männer und Frauen in langen Gewändern. Diese Kleidung deutet darauf hin, daß es sich trotz der Uniform der zentralen Figur um eine historische Szene handeln soll. Die Angabe auf der Rückseite der Zeichnung nennt als Thema ›Erzwungene Verbeugung‹. Es ist sehr wahrscheinlich, daß es sich bei

dem uniformierten Mann um Haman handelt, der sich von den Untertanen des persischen Königs verehren läßt. Die Uniform deutet darauf hin, daß in den Augen des etwa zehnjährigen Schülers die SA-Leute wie ›Herrgötter‹ auftraten. Sie bedeuteten für die jüdischen Mitbürger eine ebenso große Gefahr wie der historische Haman. Damit zeigt das Kind, das diese Szene zeichnete, eine erschreckende Einsicht in die politischen Strömungen seiner Zeit.

Unter den Schülerarbeiten gibt es außerdem zwei Darstellungen aus dem 4. Schuljahr, die einen Mann an einem Galgen zeigen (Abb. 87, 88). Die Personen auf den beiden Bildern sind modern gekleidet. Heinz Marcus stellt den Galgen in die Mitte seiner Zeichnung, links ziehen zwei Henker an dem Strick, rechts stehen zwei Zuschauer. Eugen Wallach stellt links ein Haus, rechts den Galgen dar, zwischen Haus und Galgen steht eingepreßt ein Mann. Auf der Haustür ist in deutscher Schrift ›Hanan‹ zu lesen, wohl ein in der deutschen Schrift leicht möglicher Schreibfehler für Haman. Haman hatte den Galgen, an dem er später selbst aufgehängt wurde, neben seinem Haus errichten lassen. Es spricht vieles dafür, daß die Zeichnung von Heinz Marcus ebenfalls Haman darstellen soll. Beide Bilder sind undatiert und unzensiert, möglicherweise hat Levin diese für die beiden Schüler höchst gefährlichen Darstellungen an sich genommen und sie aufgefordert, ein neues Bild zu malen. Von Eugen Wallach zumindest ist die Szene ›Esther vor Ahasver‹ erhalten.

Neben Pessach und Purim war das Chanukka-Fest auch für den Zeichenunterricht von großer Bedeutung. Wie bei den Themen zum Purim-Fest wurden die biblischen Ereignisse, hier aus den beiden Büchern der Makkabäer, bildlich gestaltet. Werner Lier malte Dezember 1938 einen Zweikampf zwischen einem Bogenschützen und einen Polizisten mit Schako, dem typischen Helm der deutschen Polizei (Abb. 103). Das Blatt trägt auf der Rückseite die Beschriftung ›Makkabi‹, es gibt verkürzt eine der vielen Schlachten wieder, die Judas Makkabaeus und seine Brüder schlugen, um Israel vor der Selbstaufgabe zu bewahren. Das Bild entstand nach der sogenannten Reichskristallnacht vom 9. auf den 10. November, und es scheint unvorstellbar, daß der Schüler einen jüdischen Feldherrn in der Uniform eines deutschen Polizisten dargestellt hat. Wahrscheinlich verkörpert dieser einen der griechischen Gegner. Dann läßt das Blatt erkennen, wie der Junge die deutschen Ordnungshüter einschätzte.

Ebenso deutlich sind die zum Thema ›Makkabi‹ gehörenden Bilder mit der Bezeichnung ›Götzendienst‹ vom Dezember 1938 (Abb. 104). Die uniformierten Männer, die die Bevölkerung zum Kniefall vor einer riesigen antiken Statue in einem jüdischen Gotteshaus (dem Tempel in Jerusalem) zwingen, sehen SA-Leuten ähnlich. Einer dieser Schergen schwingt eine Peitsche, die an jene erinnert, die die SA in ihren Folterkellern benutzte.

Die letzten beiden Zeichnungen aus Düsseldorf, die erwähnt werden sollen, behandeln das Thema Auswanderung. Hermann Feldmann stellt ein Dampfschiff mit israelischer Flagge dar. Vor dem Schiff schwimmt ein Segelboot mit der Beschriftung ›Müllmer Bötchen‹, einer Bezeichnung, die in Deutschland durch einen Schlager bekannt war (Abb. 66).

Einen Auswanderer am Ziel seiner Reise zeigt Eugen Wallach (Oktober 1937). Der Auswanderer steht allein mit seiner Reisetasche zwischen zwei Wolkenkratzern, auf denen jeweils die amerikanische Fahne gehißt ist (Abb. 65).

Die Bilder, die im Zeichenunterricht Julo Levins entstanden sind, ordnen sich formal in die Richtlinien der damaligen Kunsterziehung ein, inhaltlich spiegeln sie die Umwelt aus der Sicht der deutsch-jüdischen Schüler in vielfältigen Brechungen wider. Die Bilder enthalten nicht nur den Versuch, Erfahrungen und Wissen künstlerisch zu bewältigen, sondern auch Gedanken über eine bessere Zukunft, sei es als Vision, sei es als konkrete Zielvorstellung.

Anmerkungen

1 Carl Lauterbach. Gemälde, Grafik, Dokumente. Katalog Stadtmuseum Düsseldorf 1981, S. 29.
2 H. Zürndorfer, The Ninth of November, London – Melbourne – New York, 1983, S. 45–59.
3 F. Hahn; Lieber Stürmer. Leserbriefe an das NS-Kampfblatt 1924 bis 1945. Eine Dokumentation aus dem Leo-Baeck-Institut, New York. (Bearbeitung der deutschen Ausgabe von G. Wagenlehner), Stuttgart 1978, S. 165–177.
4 F. Hahn. S. 158.
5 Reichsverwaltung des Nationalsozialistischen Lehrerbundes (Hrsg.). Das deutsche Bilderbuch. Ein Auswahlverzeichnis. Bearb. v. R. Kreßner, Bayreuth (um 1940).
6 Besonders anregend scheint für Julo Levin das Buch von Ph. Franck; Das schaffende Kind, Berlin (1928) gewesen zu sein. Zwischen Francks Vorschlägen und Beispielen und Levins Aufgabenstellungen bestehen enge Verbindungen.
7 O. Geismar, Das jüdische Motiv im Kunstunterricht, in: H. Stern (Hrsg.), Didaktik der jüdischen Schule, Berlin 1938.
8 B. Strauß, Das neunte Schuljahr der Mädchen, in: H. Stern: Didaktik, S. 51–61.

Julo Levin und seine Sammlung ›Kinderzeichnungen‹

Carl Lauterbach

Bei unseren Zusammenkünften in Julo Levins Atelier waren die Kinderzeichnungen eines unserer liebsten und lebendigsten Gesprächsthemen, ein uns künstlerisch sehr berührendes und psychologisch interessantes Thema. Es war ja die Entdeckung einer neuen Welt, eine völlig neue Auffassung vom Menschen, dessen Einmaligkeit und Individualität erstmals als Thema der wissenschaftlichen Psychologie in Erscheinung trat, die sich mit Sigmund Freud neue Gebiete erschlossen hatte.

Ende der zwanziger Jahre erschienen entscheidende kunstpädagogische Veröffentlichungen, ›Das schöpferische Kind‹ und ›Der Genius im Kinde‹. Sie bildeten die neue Grundlage für die Ausbildung der Zeichenlehrer an den Akademien in den Klassen für das künstlerische Lehramt. Wenn etwas von dem Geist der sogenannten »goldenen zwanziger Jahre« lebendig erhalten geblieben ist, dann dieser Fortschritt in der neuen Pädagogik, der Hinwendung zum Kinde und seiner schulischen Entwicklung im Geiste einer neuen, modernen Humanität.

Die lebendige, anregende, ja aufregende Beschäftigung der Kinder im Zeichen- und Malunterricht zeigte die erstaunlichsten Ergebnisse kindlichen Ausdrucksvermögens in der ersten Phase der Gestaltungsversuche und der Bemühungen, objektiv Geschautes und Beobachtetes darzustellen. Dies noch ohne Zweckbindung und ohne technische Erfahrung in dieser bestimmten Phase, die etwa bis zum zwölften Lebensjahr andauert, dann aber meist erlischt und verdrängt wird durch den Wunsch und die natürliche Absicht zur genaueren, fortgeschrittenen Darstellung des Gegenstandes. Wir — die

betrachtenden Künstler — haben diesen ›Bruch‹ in der künstlerischen Entwicklung nur bedauert, denn nur selten entwickelte sich so ein junges hoffnungsvolles Kindertalent weiter zu einer noch weiter gesteigerten Vervollkommnung. Das praktische Leben mit seinen ernsten beruflichen Anforderungen tritt dann stärker und gebieterisch in Erscheinung und läßt für eine musische Entwicklung wenig Zeit und wenig Energie.

Die Ursprünglichkeit, die Phantasie und der Impuls in den Kinderzeichnungen und farbigen Aquarellen waren es dann auch, die uns, die Betrachter, so fesselten und begeisterten, die wir erfahren und wissend sind, *wie* etwas entsteht und welch tiefere Bedeutung es annimmt, wenn es entstanden ist.

Julo Levin war der Lehrer, und die Sammlung dieser Blätter: das waren seine Schüler. Er war der Anreger, der Künstler, der seine kleinen Genies bewunderte. In diesem Verhältnis Lehrer und Schüler war ein spannendes und geistreiches Wechselspiel. Julo Levin war ein idealer Lehrer, der seine Schüler für eine Sache begeistern und mitreißen konnte, einen hingebungsvolleren, liebenswerteren Lehrer könnte ich mir nicht denken. Er war stolz auf die herrlichen Resultate, die seine Schüler und Schülerinnen zustande brachten. Die Farbe als seelisches Ausdruckselement kam noch hinzu, es war der dramatische Durchbruch der Farbe mit dem Expressionismus. Die Farbe war zu einem neuen großen Thema geworden zur ›Selbstverwirklichung‹ — als self-expression! Damals wie heute. Natürlich haben am Anfang dieses neuen modernen

43 Carl Lauterbach *Hinter Stacheldraht* 1942
(Kat. Nr. 117)

44 Carl Lauterbach *Selbstbildnis mit dem Tod* 1939
(Kat. Nr. 116)

pädagogischen Aufbruchs die großen Namen Kandinsky und Klee gestanden. Die entscheidende Rolle, die gerade diese beiden bahnbrechenden Persönlichkeiten in der Gesamtentwicklung zu Beginn unseres Jahrhunderts spielen, darf in diesem Zusammenhang nicht übersehen werden. Man hat es heute fast vergessen, ihnen diese Bedeutung einzuräumen, weil so vieles heute als selbstverständlich betrachtet wird, was für uns beim Beginn der dreißiger Jahre unsere modernen Auffassungen prägte: die sogenannten ›goldenen zwanziger Jahre‹ haben die Tore weit geöffnet für völlig neue Erkenntnisse über die schöpferischen Impulse im Menschen, in seiner Seele, in seinem Denken und in seinem Empfinden.

Unsere Gespräche im Atelier Julo Levins, in dem wir die Kinderarbeiten seiner Schüler betrachteten, waren erfüllt von dem universalen, humanen Geist in allen Dingen, an denen wir teilhatten, und es war unter den bedrückenden Verhältnissen, den Bedrohungen und Ängsten dann wie ein Lichtschimmer, der unsere Hoffnungen belebte.

Schülerkunst im Holocaust

Sybil Milton

Die Überlebensbedingungen der Kinder, die während des Krieges in Ghettos und Lagern malten und zeichneten, waren grundverschieden von denen der jüdischen Schüler in Düsseldorf und Berlin. Dennoch haben ihre Arbeiten vieles gemeinsam. Die 15 000 Kinder, meist tschechischer Nationalität, die zwischen November 1941 und Mai 1945 mit 140 000 erwachsenen Häftlingen in Theresienstadt lebten, haben mehr als 4000 Zeichnungen hinterlassen. Diese Arbeiten gehören zur Kunst des Holocaust:[1] Sie sind den Werken der Amateurmaler in den Lagern gleichzusetzen. Einige besonders begabte Kinder, die später Berufsmaler wurden, müssen als Ausnahme angesehen werden.[2]

Der Unterschied zwischen den Lebensbedingungen der inhaftierten Kinder und denen der Schüler in den dreißiger Jahren braucht nicht besonders erläutert zu werden. Die einen lebten zu Hause unter trotz allem verhältnismäßig geregelten Bedingungen, während die anderen unter schrecklichen Verhältnissen zu leiden hatten, die allgemein in den NS-Haftstätten herrschten. In den Lagern gab es für die Kinder keine Intimsphäre, sie waren oft getrennt von ihren Eltern, und es standen ihnen zum Zeichnen nur die primitivsten Materialien zur Verfügung. Erstaunlicherweise finden sich Parallelen zwischen der künstlerischen Entwicklung der Kinder, die in den dreißiger Jahren jüdische Schulen besuchten, und der Kinder, die in Ghettos und Lagern lebten.

In den Ghetto- und Lagerschulen gab es, trotz (oder vielleicht sogar wegen) der allgemeinen Existenzbedrohungen, eine verhältnismäßig große Lehrfreiheit. Die Lehrer konnten ihre Lehrpläne weitgehend selbst bestimmen. Der Kunstunterricht spielte deshalb eine große Rolle, weil die Arbeiten der Kinder in primitiven oder subtilen Ausdrucksformen Empfindungen, Erinnerungen und Erfahrungen widerspiegelten. Eine besondere Bedeutung hatten Lehrer, die als Vorbild galten und die Kinder durch ihre Persönlichkeit zu motivieren verstanden. Diese Bedeutung hatten zum Beispiel Friedel Dikker-Brandejsova[3] und Fredy Hirsch im Ghetto Theresienstadt, ganz ähnlich wie Julo Levin in Düsseldorf und Berlin. Heimliche Schulen gab es jedoch nicht nur in Theresienstadt, sondern auch in vielen anderen Lagern, so in Auschwitz, Buchenwald, Westerbork und Gurs. Insofern spielte Fredy Hirsch im Theresienstädter Familienlager in Auschwitz die gleiche Rolle, die er vorher im Theresienstädter Ghetto gespielt hatte.[4] Ein solches Vorbild waren auch die Lehrer Robert Siewert, Wilhelm Hammann, Gerhard Frank und Hanna Schramm. Siewert gründete Ende 1939 die Maurerschule im Block 49 des Konzentrationslagers Buchenwald und rettete dadurch vielen jüdischen Jugendlichen, die nun als Facharbeiter galten, das Leben.[5] Auch der Blockälteste im Buchenwalder Kinderblock 8, Schulleiter Wilhelm Hammann, gründete Anfang 1945 eine geheime Schule und bewahrte dadurch zumindest 150 jüdische Kinder und Jugendliche vor dem sicheren Tod.[6] Frank sorgte im holländischen Durchgangslager Westerbork für Schulunterricht, und Schramm gründete eine Schule im französischen Internierungs- und Durchgangslager Gurs.[7] Das Gefühlsleben der verhafteten Kinder wurde durch ihre fortschrittlichen Lehrer gefördert: Innerhalb der Lagermauern wurden die Kinder zum Leben erzogen. Sie malten und zeichneten, wie früher in Düsseldorf oder Berlin, meist ganz frei die ihnen gestellten Themen.

Wir dürfen nicht übersehen, daß die in Gefangenschaft lebenden Kinder keine homogene Gruppe waren. Doch können wir von drei Gruppen sprechen: 1. Kleinkinder bis 6 Jahre, 2. Jugendliche von 7 bis 12 Jahren und 3. Heranwachsende zwischen 13 und 18 Jahren. Die Überlebenschancen der älteren Kinder waren etwas besser, da sie zur Zwangsarbeit herangezogen werden konnten.

Die Kinder bildeten auch keine besondere oder von den anderen getrennte Opfergruppe. Sie waren hauptsächlich als rassisch Verfolgte zusammen mit ihren Eltern und Geschwistern in die Lager gebracht worden. Die NS-Gesetze und die Verhaftungen und Deportationen durch Polizei und SS richteten sich gegen alle Mitglieder jüdischer Familien (oder auch Zigeunerfamilien), ohne Rücksicht auf das Alter. Natürlich waren die Kinder die gefährdetsten unter den Häftlingen. Heimatlos und verwaist, häufig Augenzeugen der Ermordung ihrer Eltern und Geschwister, waren sie dem Verhungern, den Krankheiten, der Sklavenarbeit und all den anderen Schikanen ihrer Bewacher bis hin zu den Toren der Gaskammern ausgeliefert. Im Verhältnis zu den erwachsenen Häftlingen hatten sie oft noch geringere Chancen, mit dem Leben davonzukommen, andererseits war ihre Anpassungsfähigkeit größer. Natürlich waren die Kinder von der Hilfe und dem Beistand der Erwachsenen abhängig. Das in den Lagern viele Tausende von Kinderzeichnungen entstehen konnten, ist auch unter diesem Aspekt bemerkenswert.

Der Kunstunterricht war ein Mittel, das Erwachsene nutzten, um den Kindern — die im Lager die Geborgenheit der Familie und einer vertrauten Umgebung verloren hatten — dabei zu helfen, sich eine Brücke zwischen ihren Erinnerungen und der erhofften Zukunft zu bauen. So wählten die Lehrer in Düsseldorf und Berlin Themen aus der jüdischen Geschichte, wie zum Beispiel den Exodus oder das Purim-Fest, um das jüdische Bewußtsein der Schüler und den Gedanken an eine Auswanderung nach

Palästina zu wecken und zu fördern und damit wiederum Widerstandskraft und Lebenswillen der Kinder zu stärken. In Theresienstadt, wo die Lebensbedingungen und Lebenserwartungen weit schlechter waren, nutzten die Pädagogen zur Stärkung des geistigen Widerstands andere Vergangenheitsbilder: die verlorengegangene Welt der Kindheit mit ihren Spielen und Märchen, die Erinnerungen an Familie und Heimat, an die vertrauten Bilder der außerhalb des Lagers weiterhin bestehenden Umwelt. Diese Themen wurden von den Kindern in Theresienstadt dann in ihren Bildern, Gedichten und Geschichten behandelt.

Die Lebensbedingungen in den Ghettos und Lagern waren aber so extrem, daß diese heilpädagogische Absicht manchmal versagte und die Wirklichkeit des Lebens hinter Stacheldraht sich in die Bilder hineindrängte. So beschreiben ungefähr vierzig Prozent der erhalten gebliebenen Schülerbilder aus Theresienstadt die Alltagswelt des Grauens. Diese Bilder zeigen Baracken, Mauern, Stacheldraht, Lazarette und Deportationstransporte. Bei der Wiedergabe der Wirklichkeit wandten sich die Kinder denselben Themen und Motiven zu wie die erwachsenen Künstler in Theresienstadt.[8]

Nicht nur gezeichnete und gemalte Bilder, auch Musik- und Theateraufführungen sollten dazu beitragen, den Kindern ihre nationalen und religiösen Traditionen bewußt zu machen. In Theresienstadt wurden tschechische Kindertheaterstücke — wie zum Beispiel Hans Krásas Kinderoper ›Brundibár‹ und Karafiats klassisches Märchen ›Glühwurm‹ — mit Kinderchören aufgeführt, Kinder traten in Musikkonzerten auf, und es gab eine Zeitschrift ›Vedem‹, die von Kindern geschrieben, herausgegeben und gelesen wurde. Die überwiegende Zahl der erhaltenen Kinderarbeiten stammt aus den Jahren 1943 und 1944, nur vereinzelte Arbeiten aus der Zeit vorher oder nachher.

Auf den meisten Blättern ist neben dem Datum der Entstehung auch der Name, das Geburtsdatum und die Wohnbaracke der Kinder angegeben. Diese Details machen es in einzelnen Fällen möglich, die Schicksale der Kinder zu rekonstruieren. Über das

Schaffen der Kinder in anderen Lagern, in denen
nur wenige Arbeiten den Krieg überdauert haben,
erfährt man Näheres vereinzelt aus den Erinnerungen von Künstlern und Sozialarbeitern, die damals
ihre Lehrer waren. Über Gurs hat uns der Maler
Max Lingner in seiner Autobiografie berichtet, der
dort jüdischen und spanischen Kindern in der von
der Schweizer Hilfe unterhaltenen Schule Unterricht erteilte.[9] In Auschwitz zeichneten die jugendlichen Maler Halina Olomucki und Yehuda Bacon in
realistischen Bildern ihre Umwelt; sie haben diesel-
ben Themen nach dem Krieg als professionelle
Maler weiterentwickelt.[10] Am erstaunlichsten ist aber
die reife Kunst des neun Jahre alten Malers Samuel
Bak, dessen Werke im März 1943 im Ghetto von
Wilna ausgestellt wurden.[11]

Man kann manches über die inhaftierten Kinder
erfahren, wenn man die heute noch vorhandenen
Arbeiten ihrer Lehrer studiert. In Theresienstadt
hatte zum Beispiel der Maler Bedrich Fritta ein
Kinderbuch für den dritten Geburtstag seines Sohnes
Tommy im Januar 1944 entworfen, das noch heute
immer wieder nachgedruckt wird.[12] Zwar wurde
Fritta in Auschwitz ermordet, doch Tommy hat dank
der Hilfe des Malers Leo Haas in Theresienstadt
überlebt.[13] Haas selbst hat häufig den Alltag der
Theresienstädter Kinder in seinen Zeichnungen dar-
gestellt.[14] Andere Künstler wie Anna Kyndnis in
Athen und Gela Seksztein in Warschau porträtierten
Kinder aus ihrer unmittelbaren Umgebung.[15] Die den
Kindern gewidmeten Bilder verkörpern die Hoffnung
erwachsener Maler auf eine bessere Zukunft.

Die überlieferten Düsseldorfer und Berliner jüdischen Schülerzeichnungen und die Kunst von und
über Kinder in den Lagern zeigen die tragische
Wirklichkeit des Holocaust, wie sie auch in einer
Strophe aus dem Theresienstädter Kindergedicht
des fünfzehnjährigen Hanus Hachenburg beschrieben wird:

Ach, welche Kindheit, die beständig Ausschau hält
nach Feind und Strick und schlechter Welt.
Ach, welche Kindheit, die beständig auf der Hut,
sich selbst belehrt: der Mann ist böse − jener gut.[16]

Anmerkungen

1 Vgl. Janet Blatter und Sybil Milton, Art of the Holocaust,
New York 1981.

2 Diese Ausnahme bezieht sich auf Yehuda Bacon und Helga
Weissova-Hoskova (und kann auf die in anderen Lagern
zeichnenden Kinder Avigdor Arikha und Samuel Bak ausge-
dehnt werden).

3 Österreichische Galerie im oberen Belvedere in Wien, Hrsg.,
Die uns verließen: Österreichische Maler und Bildhauer der
Emigration und Verfolgung, Wien 1980, S. 62−63.

4 Ruth K. Angress, Lanzmann's Shoah, in: Simon Wiesenthal
Center Annual, Bd. 3, 1986, S. 251−52; und Dorothea Stanić, Kinder im KZ, Berlin 1979, S. 50−53

5 Hermann Langbein, . . . Nicht wie die Schafe zur Schlacht-
bank: Widerstand in den nationalsozialistischen Konzentra-
tionslagern, Frankfurt 1980, S. 198−99, 205−6. Vgl. Geert
Platner (und Schüler der Gerhart-Hauptmann-Schule in
Kassel), Hrsg., Schule im Dritten Reich: Erziehung zum
Tod? Eine Dokumentation, München 1983, S. 184−6.

6 Vgl. Platner, Schule im Dritten Reich, S. 188−94. Siehe
auch Heinz Albertus: Kinder in Buchenwald, Weimar 1981,
S. 21 f. und Klaus Dobrisch, Wilhelm Hammann, in: Antifa-
schistische Lehrer im Widerstandskampf, Berlin 1967,
S. 141 f.

7 Betr. Westerbork, vgl. Jacob Boas, Boulevard des Misères:
The Story of Transit Camp Westerbork, Hamden (CT) 1985,
und betr. Gurs, vgl. Hanna Schramm, Menschen in Gurs,
Worms 1977.

8 Vgl. . . . I Never Saw Another Butterfly . . .: Children's Draw-
ings and Poems from Terezin Concentration Camp, Hrsg.
Hanna Volawkova, New York 1962; Terenzin, Hrsg. Franti-
šek Ehrmann, Otta Heitlinger und Rudolf Iltis, Prag 1965.

9 Max Lingner, Mein Leben und meine Arbeit, Dresden 1955.

10 Vgl. Blatter und Milton, Art of the Holocaust, S. 64−65, 190,
199, 232.

11 Avram Kampf, Jewish Experience in the Art of the Twentieth
Century, South Hadley (MA) 1984, S. 125−28.

12 Bedrich Fritta, Tomickovi, den Haag 1980.

13 Stanić, Kinder im KZ, S. 128−30.

14 Vgl. Pamatnik Terezin, Hrsg., Leo Haas, Terezin 1969.

15 Blatter und Milton, Art of the Holocaust, S. 254, 263.

16 Kinderzeichnungen aus dem Konzentrationslager Theresienstadt, Hrsg. Staatliches Jüdisches Museum in Prag, Prag
o. D., S. 13.

45   Gert Wollheim *Arthur Kaufmann mit seinen Kindern Miriam und Hans* um 1925 (Kat. Nr. 107)

46 Dora Moritz *Rabbiner* Oktober 1937
    (Kat. Nr. 24)

47 Ohne Namen *Dr. Siegfried Klein* Oktober 1937
    (Kat. Nr. 23)

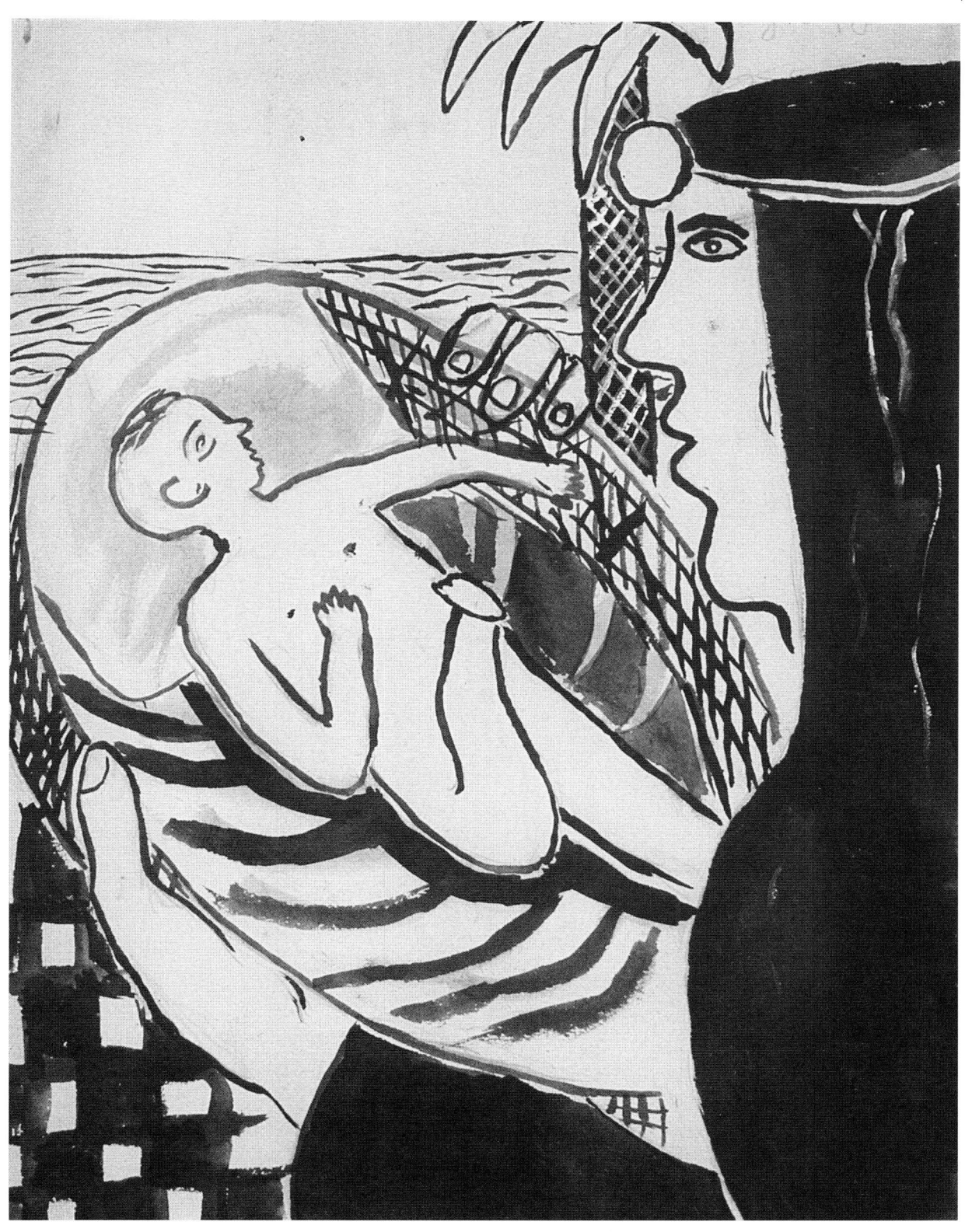

48   G. Sostheim *Auffindung des Moses* Januar 1937 (Kat. Nr. 8)

49　Margot Cohn *Auszug aus Ägypten* Januar 1937 (Kat. Nr. 5)

50 Ohne Namen
    Auffindung des Moses
    Februar 1937
    (Kat. Nr. 9)

51 Sella Helga Paradies
    Fronarbeit in Ägypten
    Januar 1937
    (Kat. Nr. 7)

52   Ohne Namen *Moses teilt das Rote Meer* ohne Datum (Kat. Nr. 6)

53 Joachim Tietzt
    Die Brücke
    November 1938
    (Kat. Nr. 56)

54 H. Kneller
    Die Brücke
    November 1938
    (Kat. Nr. 57)

Schüler der Privaten Jüdischen Volksschule in Düsseldorf

Die Namen sind auf den Zeichnungen und Gouachen handschriftlich in deutscher oder lateinischer Schrift vermerkt. Nicht alle Namen konnten zweifelsfrei entziffert werden. Die folgende Aufstellung enthält:
Namen der Schüler, über die Dr. Barbara Suchy in den Akten biographische Angaben gefunden hat. Die häufig wiederkehrende Formel ›unbekannt verzogen‹ ist vielfach die letzte amtliche Eintragung im Einwohnermelderegister. Sie gibt keine Auskunft über das wirkliche Schicksal der Betroffenen.
Namen, die laut Entstehungsdatum des Bildes nach Düsseldorf gehören. Hier konnte oft aufgrund der Schuljahrangabe auf das ungefähre Geburtsdatum geschlossen werden.
Namen, die wegen des Themas der Zeichnung nach Düsseldorf gehören, auch wenn andere Hinweise fehlen.
Namen, die nicht zweifelsfrei zu Düsseldorfer Schülern gehören. Sie werden hier aufgeführt, weil ihre Werke Carl Lauterbach geschenkt worden sind. Das Archiv Lauterbach enthält vorwiegend, aber nicht ausschließlich Schülerzeichnungen aus Düsseldorf.
Ohne daß es der Liste zu entnehmen ist, bestehen zu einer Anzahl ehemaliger Schüler der jüdischen Schule in Düsseldorf briefliche und persönliche Kontakte.

Abraham, Günter
geb. 23. 2. 1928 in Düsseldorf
6. 11. 1941 nach Minsk
deportiert
ermordet

Ackerfeld, Heinrich
geb. 13. 6. 1923 in Düsseldorf
6. 7. 1939 nach Krakau
deportiert
ermordet

Adler, Karl-Heinz
geb. 3. 7. 1926 in Frankfurt a. M.
20. 2. 1939 USA

Adler, Karl-Heinz
geb. 17. 5. 1927 in Düsseldorf
8. 6. 1939 unbekannt verzogen

Alexander, Eva
geb. 14. 7. 1924 in Köln

Alexander, Margot
geb. 15. 3. 1926 in Mannheim
6. 9. 1940 unbekannt verzogen

Altmann, Alfred
geb. 28. 12. 1921 in Düsseldorf
6. 2. 1939 England

Appel, Berta
geb. 24. 4. 1925 in Bonn
11. 8. 1939 England

Appel, Ellen
geb. 11. 9. 1926 in Düsseldorf
13. 7. 1939 unbekannt verzogen
Belgien (?)

Arom, Eduard
geb. 30. 3. 1927 in Düsseldorf
7. 2. 1939 unbekannt verzogen

Asch, Eva
geb. 5. 11. 1924 in Allenstein/Ostpreußen
15. 7. 1939 England

Bahn, Karl

Balsam, Helene
geb. 5. 4. 1922 in Duisburg
21. 9. 1937 Australien

Barsch, Ruth

Berger, Traute

Biesdorf, Adele

Birnbach, Isaak
geb. 24. 10. 1927 in Düsseldorf
Bruder von Mechthild und Rosa Birnbach
30. 1. 1939 Krakau

Birnbach, Mechthild
geb. 22. 7. 1925 in Düsseldorf
Schwester von Isaak und Rosa Birnbach
30. 1. 1939 Krakau

Birnbach, Pescha
geb. 1927 (?)

Birnbach, Rosa
geb. 24. 8. 1926 in Düsseldorf
Schwester von Isaak und Mechthild Birnbach
30. 1. 1939 Krakau
ermordet

Blankenstein, Rolf
geb. 12. 9. 1924 in Düsseldorf
nach Sobibor deportiert
ermordet

Blitzer, Madi (Martha)
geb. 3. 1. 1926 in Düsseldorf
2. 6. 1939 Ecuador

Blumenthal, Lore
geb. 5. 12. 1922 in Geldern
8. 11. 1941 nach Minsk
deportiert
ermordet

Borg, Hans

Boveland, Gustav

Brasch, Ludwig
geb. 3. 3. 1926 in Düsseldorf
8. 11. 1941 nach Minsk
deportiert
ermordet

Breslauer, Henni
geb. 1927 (?)

Brinks, Hans

Brünell, Herbert
geb. 8. 6. 1926 in Goch
4. 11. 1941 nach Lodz
deportiert
ermordet

Buckow, Christel

Burzlaff, Herta

Cahn, Günther
geb. 17. 8. 1925 in Düsseldorf
Bruder von Helmut Cahn
27. 3. 1939 England

Cahn, Helmut
geb. 25. 8. 1923 in Düsseldorf
Bruder von Günther Cahn
26. 6. 1939 England

Cahn, Rolf
geb. 11. 5. 1924 in Düsseldorf
8. 11. 1941 nach Minsk
deportiert
ermordet

Cappel, Margot
geb. 8. 7. 1928 in Düsseldorf
23. 8. 1937 USA

Caro, Lore
geb. 19. 1. 1926 in Düsseldorf
5. 8. 1938 Berlin-Charlottenburg

Cleffmann, Margot
geb. 28. 6. 1922 in Düsseldorf
3. 10. 1938 USA

Cohn, Margot
geb. 10. 12. 1922 in Düsseldorf
17. 3. 1937 Berlin
nach Auschwitz deportiert
ermordet

Cohn, Willi

Dehen, Arthur

Deilmann, Elisabeth

Drillmann, Susanne
geb. 5. 12. 1923 in Düsseldorf
19. 1. 1939 unbekannt verzogen
nach Auschwitz deportiert
ermordet

Drönbach, E.
geb. 1924 (?)

Eckstein, Kurt
geb. 2. 7. 1923 in Düsseldorf
7. 11. 1941 nach Minsk
deportiert
ermordet

Eckstein, M(arianne)
geb. 12. 12. 1924 in Düsseldorf
23. 9. 1937 USA

Elias, K(urt)-H(einz)
geb. 31. 12. 1924 in Dresden
27. 12. 1938 Niederlande

Emmerich, Fritz
geb. 30. 10. 1927 in Düsseldorf
24. 11. 1938 USA

Ephraim, Liesel
geb. 31. 5. 1924 in Wuppertal-
Elberfeld
24. 11. 1938 USA

Fahr, R.

Faust, Moses
geb. 16. 1. 1922 in Düsseldorf
28. 7. 1939 Zbaczyn

Fehlings, Adolf

Feigenbaum, Hella
geb. 27. 12. 1921 in Düsseldorf

Feldberg, Frieda
geb. 24. 2. 1926 in Düsseldorf
14. 8. 1939 Polen

Feldberg, Frieda
(Friedel Louise)
geb. 8. 6. 1926 in Düsseldorf
nach Auschwitz deportiert
ermordet

Feldmann, Hermann
geb. 1926 (?)

Franck, E(dith)
geb. 23. 5. 1928 in Düsseldorf
nach Sobibor deportiert
ermordet

Frank, Kurt
geb. 7. 12. 1927 in Witten
2. 1. 1939 Niederlande

Frank, R(einhard)

Frank(en), Hilde
geb. 1926 (?)

Frankenberg, Werner
geb. 6. 10. 1927 in Bigge
2. 5. 1939 Bigge

Frankfurter, S(alli)
geb. 1924 (?)

Freimark, Alfred
geb. 28. 7. 1923 in Sontra
nach Lodz deportiert
27. 5. 1942 ermordet

Freimark, Alfred
geb. 29. 6. 1924 in Düsseldorf
8. 6. 1939 Haiti

Ganz, Ernst Rainer

Ganz, Herbert

Gärtner, Lore
geb. 1. 5. 1924 in Düsseldorf
26. 8. 1939 Wuppertal-
Elberfeld

Gatz, Karl

Geldern, Karla von
geb. 30. 11. 1924 in Düsseldorf
Schwester von Marianne
von Geldern
14. 1. 1939 Chile

Geldern, Marianne von
geb. 13. 3. 1928 in Düsseldorf
Schwester von Karla
von Geldern
14. 1. 1939 Chile

Geldern, R. von

Geldern, I.

Gellert, Cilli
geb. 8. 1. 1925 in Düsseldorf
Februar 1938 Niederlande

Gerstenberg, Fritz

Ge. . .mann, Grete
geb. 1922 (?)

Goldberg, Harald
geb. 1926 (?)

Goldberg, Simon
geb. 26. 2. 1923 in Düsseldorf
10. 9. 1936 Palästina

Goldmann, Fel(l)a
geb. 14. 12. 1925 in Lezajsk/
Galizien
9. 1. 1939 unbekannt verzogen

Gröschler, Hans

Grossmann, Werner
geb. 21. 12. 1927 in Düsseldorf
19. 5. 1939 England

Grünewald, Margot

Gumprich, Günter
geb. 1924 (?)

Guttmann, H(ans)
geb. 18. 4. 1925 in Düsseldorf
4. 10. 1937 Neuseeland

Handgriff, Mira
geb. 23. 4. 1927 in Düsseldorf
12. 4. 1939 England

Harmann, Herbert
geb. 1926 (?)

Hartmann, M(argit)
geb. 27. 5. 1927 in Kassel
12. 5. 1938 USA

Heimann, Hanns
geb. 4. 5. 1926
nach Minsk deportiert
ermordet

Heinemann, Lotti
geb. 1926 (?)

Heptner, Willi

Herz, Leo
geb. 3. 8. 1923 in Hamborn
20. 4. 1937 unbekannt
verzogen

Herzog, M(anfred)
geb. 15. 7. 1926 in Krefeld
6. 7. 1939 England

Heumann, Grete
geb. 20. 6. 1923 in Neviges
20. 11. 1938 Niederlande

Heymann, Ellen
geb. 1925 (?)

Hirsch, Rudi
geb. 18. 11. 1925 in Düsseldorf
20. 6. 1939 Dänemark

Hirschland, Thea
geb. 29. 12. 1927 in Düsseldorf
September 1938 Belgien

Hoffmann, Bubi

Hohewald, Inge

Holländer, Tilly
geb. 3. 2. 1923
Juli 1939 Belgien

Horowitz, Max
geb. 27. 6. 1926 Wallenscheid
Palästina

Imhof, Karl Heinz

Imhof, Siegfried

Jacobsen, Ruth
geb. 1. 12. 1924 in Düsseldorf

Jalowitz, Heinz
geb. 16. 5. 1924 in Düsseldorf
Bruder von Karola Jalowitz
30. 5. 1939 unbekannt
verzogen
nach Bergen-Belsen deportiert
ermordet

Jalowitz, Karola
geb. 7. 9. 1927
Schwester von Heinz Jalowitz
30. 5. 1939 unbekannt
verzogen
nach Auschwitz deportiert
ermordet

Jonas, E(rich)
geb. 6. 2. 1925 in Düsseldorf
Bruder von Ursula Jonas
4. 8. 1936 Niederlande
nach Auschwitz deportiert
ermordet

Jonas, Ursula
geb. 6. 2. 1925 in Düsseldorf
Schwester von Erich Jonas
4. 8. 1936 Niederlande

Jordan, Inge
geb. 15. 7. 1926 in Düsseldorf
3. 3. 1939 England

Kadisch, Pauline
geb. 7. 8. 1928 in Düsseldorf
30. 5. 1938 USA

Kanarek, Rosa
geb. 9. 3. 1923 in Düsseldorf
31. 7. 1939 unbekannt
verzogen

Kann, Helga
geb. 1927 (?)

Kaufmann, Liselotte

Kaufmann, Manfred
geb. 5. 1. 1926 in Hilden
10. 10. 1938 USA

Klaeme (?), H.
geb. 1926 (?)

Klarmann, Herbert
geb. 8. 4. 1926 in Düsseldorf
Bruder von Leo-Wolf
Klarmann
22. 8. 1939 unbekannt
verzogen

Klarmann, Leo-Wolf
geb. 21. 7. 1924 in Düsseldorf
Bruder von Herbert Klarmann
22. 8. 1939 unbekannt
verzogen

Klever, H.
geb. 1926 (?)

Koch, Brigitte

Koch, Marlise

Kokotek, Gertrud
geb. 1924 (?)

Kokotek, Moritz
geb. 6. 12. 1923 in Düsseldorf

Koswicht (?), Anne

Kramer, St.

Krohn, Ruth

Krüger, Irma

Kruppe, E.

Kurzke, Heinz

Landmann, I.
geb. 1924 (?)

Lau (?), Kurt
geb. 1924 (?)

Laus, Adolf
geb. 23. 1. 1923 in Nürnberg
31. 10. 1938 unbekannt
verzogen

Leidenstreich, Robert

Leisser, H.
geb. 1925 (?)

Lender, Luise

Lenneberg, Ursula
geb. 24. 4. 1926
16. 7. 1942 nach Theresienstadt deportiert

Leopold, Heinz
geb. 4. 4. 1927 in Frankfurt/M.
30. 6. 1938 USA

Lesekewitz, Lydia
geb. 31. 7. 1927 in Düsseldorf
Schwester von Melanie
Lesekewitz
8. 5. 1941 unbekannt verzogen
(Neumarkt/Distrikt Krakau)
ermordet

Lesekewitz, Melanie
geb. 4. 3. 1924 in Düsseldorf
Schwester von Lydia
Lesekewitz
8. 5. 1941 unbekannt verzogen
(Neumarkt/Distrikt Krakau)
ermordet

L(esser), Tamara
geb. 7. 11. 1925 in Berlin
25. 3. 1937 England

Lesser, I.

Levy, E.
geb. 1926 (?)

Levy, M(ax)
geb. 22. 7. 1923 in Düsseldorf
nach Minsk deportiert
ermordet

Lewin, Inge(borg)
geb. 9. 10. 1925 in Düsseldorf
15. 12. 1938 Niederlande

Lewin, Mirjam
geb. 1927 (?)

Lewy, A.

Lewy, Erich

Lion, Kurt
geb. 26. 5. 1924 in Oberhausen
9. 12. 1938 Aachen
Palästina/Israel

Loeb, Ruth
geb. 1925 (?)

Löwenstein, Ernst
geb. 1926 (?)

Löwenstein, Hermann Otto
geb. 1926 (?)

Löwenstein, Kurt

Lorch, R(olf)
geb. 22. 11. 1924
nach Minsk deportiert
ermordet

Lubascher, Kurt
geb. 31. 12. 1926 in Solingen
26. 10. 1941 nach Lodz
deportiert
ermordet

Mageno (?), Ita
geb. 1926 (?)

Magier, Isi
geb. 13. 8. 1926
8. 11. 1941 nach Minsk
deportiert
ermordet

Maier, Willi

Mallong, Eugen
geb. 1927 (?)

Mansbach, Ernst
geb. 2. 12. 1927 in Duisburg
Bruder von Fritz Mansbach
nach Riga deportiert
in Stutthof ermordet

Mansbach, Fritz
geb. 5. 10. 1926 in Osnabrück
Bruder von Ernst Mansbach
nach Riga deportiert
5. 1. 1945 in Buchenwald
ermordet

Marcus, Heinz

Margel, T(oni)
geb. 18. 1. 1927 in Köln
28. 4. 1943 (?) unbekannt
verzogen

Marx, Eva

Marx, Ilse
geb. 1921 (?)

Mayer, Kurt
geb. 7. 2. 1924 in Köln

Maysner, H.

Mehr, Samuel
geb. 2. 9. 1925 in Düsseldorf
31. 3. 1939 USA

Mendel, Dorrit
geb. 27. 6. 1924 in Düsseldorf
11. 2. 1939 England

Mendel, Mira
geb. 19. 8. 1926 in Düsseldorf
5. 11. 1941 nach Lodz
deportiert
ermordet

Mendel, R(uth)
geb. 28. 12. 1921 in Düsseldorf
5. 11. 1941 nach Lodz
deportiert
ermordet

Meyer, Eva
geb. 11. 1. 1924 in Düsseldorf
11. 10. 1939 Hannover

Mezer, G.
geb. 1924 (?)

Michels, Ursula
geb. 10. 11. 1925 in Düsseldorf
6. 11. 1941 nach Minsk
deportiert
ermordet

Milchtajch, H(elmut)
geb. 15. 12. 1923 in Rheydt
Palästina

Monger, Kurt
geb. 1924 (?)

Moritz, Dora
geb. 17. 12. 1925 in Glogow/
Galizien
Schwester von Isaak und
Rosa Moritz
6. 3. 1939 unbekannt verzogen
Palästina/Israel

Moritz, Isaak
geb. 11. 8. 1924 in Glogow/
Galizien
Bruder von Dora und
Rosa Moritz
6. 3. 1939 unbekannt verzogen

Moritz, K.
geb. 1923 (?)

Moritz, Rosa
geb. 6. 2. 1923 in Glogow/
Galizien
Schwester von Dora und
Isaak Moritz
10. 9. 1938 Jessen/Lausitz

Mosebach, Lore

Motzler (?), Gertrud

Mundt, Hilde

Nathan, Paul M(artin)
geb. 10. 11. 1921 in Düsseldorf
England

Nechemie, Rudi
geb. 27. 2. 1927 in Düsseldorf
2. 1. 1940 unbekannt verzogen

Nickel, Christel

Niklaus (?), Hilde

Orbach, Günther
geb. 27. 9. 1927 in Düsseldorf
10. 8. 1939 England

Ortmann, Mali
geb. 9. 12. 1921 in Düsseldorf
9. 9. 1938 Jessen/Lausitz

Ott, Anneliese

Ott, Ingeborg

Papendorf, Gerda

Paradies, Sella Helga
geb. 8. 4. 1924 in Düsseldorf
8. 11. 1941 nach Minsk
deportiert
ermordet

Philipp, H(annelore)
geb. 26. 1. 1925 in Düsseldorf
nach Minsk deportiert
ermordet

Pluntke, Alfred

Przepiorka, Esther Ruth
geb. 6. 1. 1924 in Düsseldorf
13. 12. 1939 England

Pschednowek, Ruth
geb. 14. 1. 1924 in Köln

Ran, Lotti (Charlotte)
geb. 19. 1. 1925 in Düsseldorf

Rechtmann, S(elma)
geb. 26. 11. 1924 in Hamburg
20. 7. 1939 England

Rechtmann, S(onja)

Reich, Kurt

Reich, Leo
geb. 21. 7. 1924 in Düsseldorf

Reuter, Lotte
geb. 28. 5. 1925 in Wuppertal-
Elberfeld
11. 10. 1938 Belgien

Robert, Marga (Margit)
geb. 8. 5. 1927 in Düsseldorf
25. 1. 1937 Italien

Röhl, Anke
geb. 1921 (?)

Rokotter, G.

Rosenbaum, Herta
geb. 12. 12. 1927 in Düsseldorf

Rosenblatt, Hilde

Rosenstock, M.

Rosenstock, Werner
geb. 22. 2. 1927 Frankfurt/M.
nach Minsk deportiert
ermordet

Rosenthal, B(ernhard?)
geb. 19. 10. 1922 in Düsseldorf
16. 2. 1938 verzogen

Rosenthal, Friedel
geb. 1925 (?)

Rosenthal, Gerd
geb. 24. 6. 1926 in Oberhausen

Rosenthal, Ruth
geb. 13. 7. 1925 in Diez/Lahn

Rosner, Max
geb. 2. 7. 1928 in Düsseldorf
3. 3. 1939 unbekannt verzogen

Rothbein, Edith
geb. 21. 7. 1922 in Düsseldorf
29. 9. 1938 Berlin
11. 3. 1939 Palästina

Rothbein, Friedel (Fritz)
geb. 8. 5. 1925 in Düsseldorf
ermordet

Rothschild, Georges
geb. 1924 (?)

Rüßler, Esther
geb. 14. 10. 1927 in Düsseldorf

Rustmann, Sonja

Säbel, Lotte
geb. 1922 (?)

Säbel, Reni
geb. 7. 10. 1922 in Solokov/
Galizien

Salomon, Margot
geb. 14. 4. 1924 in Laub
11. 12. 1941 nach Riga
deportiert
ermordet

Salpeter, Doris (Dorothea?)
geb. 24. 2. 1928 in Düsseldorf
23. 5. 1939 unbekannt
verzogen

Salpeter, Kläre
geb. 30. 5. 1923 in Düsseldorf
23. 5. 1939 unbekannt
verzogen

Sauerhaft, Sofie
geb. 25. 9. 1922 in Düsseldorf

Schade, E.

Scheidemann, Helmut
geb. 14. 9. 1924 in Berlin

Schiff, Ilse

Schindelheim, Leontine

Schlön, Grete

Schmidheim, L.

Schmidt, Elisabeth

Schnick (?), Heinz

Schönbach, Ellen V.
geb. 11. 4. 1924 in Köln
Schwester von Helga
Schönbach
19. 8. 1942 in Auschwitz
ermordet

Schönbach, Helga
geb. 4. 8. 1921 in Köln
Schwester von Ellen V.
Schönbach
30. 1. 1939 Köln
nach Lodz deportiert
ermordet

Schuster, Vera
geb. 6. 11. 1925 in Düsseldorf
19. 1. 1939 Belgien
nach Auschwitz deportiert
ermordet

Schwarz, H(einz)
geb. 27. 6. 1926 in Eschweiler
Bruder von Henni Schwarz
27. 4. 1938 Niederlande

Schwarz, H(enni)
geb. 29. 11. 1923 in Düsseldorf
Schwester von Heinz Schwarz
27. 4. 1938 Niederlande

Seelig, Gerda
geb. 1923 (?)

Seligmann, Helene (Leni)
geb. 7. 6. 1926 in Düsseldorf

9. 6. 1939 Belgien
8. 11. 1941 nach Minsk
deportiert
ermordet

Seligmann, M(arianne)
geb. 26. 11. 1924 in Düsseldorf
2. 9. 1939 England

Sichel, Ellionor

Sichel, Stefan

Sondermann, Kurt
geb. 6. 5. 1924 in Düsseldorf
Bruder von Stella Sondermann

Sondermann, Stella
geb. 10. 4. 1928 in Düsseldorf
Schwester von
Kurt Sondermann

Sonnenberg, Klaus
geb. 1926 (?)

Sostheim, G.

Spiess, Ruth

Steggel, Paul

Steinfeld, Gerda
geb. 18. 12. 1926 in Düsseldorf
8. 11. 1941 nach Minsk
deportiert

Steppel, Henni
geb. 23. 9. 1925 in Laucut/
Galizien
6. 6. 1939 unbekannt verzogen

Stern, Fritz
geb. 1922 (?)

Sternlicht, Leo
geb. 1926 (?)

Stock, W(alter)
geb. 21. 7. 1925 in Düsseldorf

Straus, Gisela
geb. 24. 9. 1923 in Krefeld
Schwester von Inge und
Rudi Straus
21. 6. 1938 USA

Straus, Inge
geb. 24. 9. 1923 in Krefeld
Schwester von Gisela und
Rudi Straus
21. 6. 1938 USA

Straus, Rudi
geb. 19. 2. 1927 in Krefeld
Bruder von Gisela und
Inge Straus
21. 6. 1938 USA

Strauss, Hans
geb. 1926 (?)

Skodig. . ., Olga

Tändel, Vera
geb. 1922 (?)

Taufer, Erich

Testiler, Helene
geb. 2. 3. 1926 in Düsseldorf
31. 7. 1939 Lodz

Tugendhaft, Emanuel
geb. 10. 3. 1922 in Sokokolow/
Galizien

Udenwald, Ruth
geb. 19. 7. 1925 in Wuppertal-
Elberfeld
23. 12. 1938 USA

Vogel, Inge
geb. 1924 (?)

Wahrenberg, Gerhard
geb. 13. 11. 1924 in Sieniawa
15. 3. 1939 Polen

Wahrenberg, I.
geb. 1925 (?)

Wallach, Ellen
geb. 8. 5. 1928 in Düsseldorf
August 1938 Köln

Wallach, Eugen
geb. 10. 3. 1927 in Düsseldorf
8. 8. 1939 England

Walter, Helga

Weißmüller, Edith

Westfeld, Gerd
geb. 22. 12. 1925 in Düsseldorf
15. 3. 1939 England

Wilk, Lena
geb. 5. 9. 1923 in Düsseldorf
22. 7. 1939 unbekannt
verzogen

Winter, Adolf
geb. 27. 5. 1923 in Düsseldorf

Winter, Vera
geb. 28. 12. 1924 in Krefeld

Wolf, Berthold
geb. 23. 3. 1925 in Hülchrath
11. 12. 1941 nach Riga
deportiert
ermordet

Wolf, Ernst
geb. 28. 3. 1927 in Düsseldorf
Bruder von Hella Wolf
26. 8. 1938 USA

Wolf, Gisela
geb. 21. 7. 1925 in Gerresheim
2. 9. 1938 USA

Wolf, Hella
geb. 8. 5. 1924 in Düsseldorf
Schwester von Ernst Wolf
26. 8. 1938 USA

Wollschläger, Waltraud

Zander, Otto
geb. 11. 8. 1925 in Düsseldorf
8. 11. 1941 nach Lodz
deportiert
ermordet

Zelmann, Ephraim
geb. 18. 9. 1927 in Düsseldorf
16. 12. 1938 Niederlande

Zuckermann, Leo
geb. 25. 2. 1929 in Düsseldorf
15. 2. 1939 unbekannt
verzogen

Zuckermann, Norbert
geb. 2. 7. 1926
15. 2. 1939 unbekannt
verzogen

Zürndorfer, Hanna
geb. 5. 12. 1925 in Düsseldorf
19. 5. 1939 England

Die Lehrer der Privaten Jüdischen Volksschule in Düsseldorf

Einem im Januar 1937 von Dr.
Kurt Herz verfaßten Bericht zufolge waren zu jenem Zeitpunkt 16 Lehrer und Lehrerinnen an der Schule beschäftigt,
10 von ihnen hauptamtlich.
Bisher konnten nur folgende
Namen ermittelt werden:

Bergel, Kurt
Februar 1939 England

Eichelberg, Grete
Februar 1939 Palästina

Friedländer, Erna
Januar 1939 England

Gerszonowicz, Luser Mendel
1939 von Essen nach Belgien
ermordet

Herz, Ellen
1939 England

Herz, Dr. Kurt
1939 England

Klein, Dr. Siegfried
1941 nach Lodz deportiert
ermordet

Kleinmann, Julius
März 1939 Belgien,
später USA

Levin, Julo
1943 nach Auschwitz
deportiert
ermordet

Nußbaum, Dr. Ruth
April 1938 Berlin,
später Palästina

Palm, Erwin
1941 nach Minsk deportiert
ermordet

Schmidt, (Fräulein)

Schnook, Kurt
1941 nach Minsk deportiert
ermordet

Schnook, Thea
1941 nach Minsk deportiert
ermordet

Strauß, Dr. Beatrice
1937 Essen
1941 nach Minsk deportiert
ermordet

Weinberg, (Fräulein)

Weiss, Werner
1939 Palästina

Vogel, Leopold
1941 nach Minsk deportiert
ermordet

55   Ilse Marx *Hiob* Oktober 1936 (Kat. Nr. 1)

56   Ohne Namen *Zeichenstunde* Dezember 1936 (Kat. Nr. 2)

57 Eva Alexander *Maske* Februar 1937 (Kat. Nr. 10)   58 Ohne Namen *Neger* ohne Datum (Kat. Nr. 14)

59 Margot Salomon *Afrika* März 1937 (Kat. Nr. 12)

60   Helmut Cahn *Cowboy* 1937 (Kat. Nr. 4)

61 Henni Schwarz
    Indien
    Mai 1937
    (Kat. Nr. 16)

62 Ohne Namen
    China
    Mai 1937
    (Kat. Nr. 17)

63   Manfred Kaufmann *Prometheus* Mai 1937 (Kat. Nr. 15)

64 Günther Cahn *Atlas* Juni 1937 (Kat. Nr. 19)   65 Eugen Wallach *Auswanderer* Oktober 1937 (Kat. Nr. 25)

66 Hermann Feldmann
Müllmer Bötchen
Ohne Datum
(Kat. Nr. 26)

67 Leo-Wolf Klarmann
Lastträger
Oktober 1937
(Kat. Nr. 31)

68 H. Leopold
Düsseldorfer Altstadt
Oktober 1937
(Kat. Nr. 29)

69 Gerhard Wahrenberg
Düsseldorfer Altstadt
November 1937
(Kat. Nr. 40)

70   Ellen Wallach *Zigeuner* Oktober 1937 (Kat. Nr. 27)

71　R. Fahr *Pflasterer* ohne Datum (Kat. Nr. 97)　　　　72　Leo-Wolf Klarmann *Dieb* Oktober 1937 (Kat. Nr. 30)

73   Ruth Pschednowek *Muster* Oktober 1937 (Kat. Nr. 32)

74 Marianne Seligmann
Konzert
Oktober/November 1937
(Kat. Nr. 34)

75 Kurt Mayer
Orchester
Oktober 1937
(Kat. Nr. 33)

76   Helene Testiler
     Kabarett
     ohne Datum
     (Kat. Nr. 35)

77   Rolf Cahn
     Kosakentanz
     ohne Datum
     (Kat. Nr. 94)

78 Kurt-Heinz Elias
Rütli-Schwur
Oktober 1937
(Kat. Nr. 36)

79 Inge Lewin
Der blinde König
Dezember 1937
(Kat. Nr. 43)

80 Günther Cahn
De gröne Jong
November 1937
(Kat. Nr. 38)

81 M. Hartmann
Hl. Martin
November 1937
(Kat. Nr. 37)

RL 229   H. (3) STEPPEL

82   Henni Steppel *Tippelbrüder* November 1937 (Kat. Nr. 39)

83   E. Kruppe *Das Hermannsdenkmal im Teutoburger Wald* ohne Datum (Kat. Nr. 102)

85 Max Rosner
Makkabi
Dezember 1937
(Kat. Nr. 42)

86 Ohne Namen
Erzwungene Verbeugung
März 1938
(Kat. Nr. 46)

◁
84 M. Franz
Zwei Juden
ohne Datum
(Kat. Nr. 91)

87 Eugen Wallach
Haman am Galgen
ohne Datum
(Kat. Nr. 86)

88 Heinz Marcus
Mann am Galgen
ohne Datum
(Kat. Nr. 87)

89   Inge Lewin *Baumschule* Januar 1938 (Kat. Nr. 45)

90 Ohne Namen
Flugzeuge über einer Stadt
ohne Datum
(Kat. Nr. 101)

91 Ohne Namen
Haus mit Hakenkreuzfahne
ohne Datum
(Kat. Nr. 85)

92   Ohne Namen *Mann in SA-Uniform* ohne Datum (Kat. Nr. 84)

93   Hans Rosbauer *Holzhauer* Juni 1938 (Kat. Nr. 48)   94   Dresdner *Sämann* August 1938 (Kat. Nr. 50)

95 Ohne Namen
*Brandenburger
Tor in Berlin*
August 1938
(Kat. Nr. 49)

96 Sternberg
London
Dezember 1938
(Kat. Nr. 66)

97   Georg Dreyfus *Afrika* September 1938 (Kat. Nr. 51)

98   M. Rosenstock *Afrika* ohne Datum (Kat. Nr. 52) ▷

99   G. Jacobsohn *Wettlauf der Lehrer* November 1938 (Kat. Nr. 54)

100   Kurt Lippmann
      Sommernachts-
      traum
      November 1938
      (Kat. Nr. 55)

101   Albert Tell
      Kampfszene
      November 1938
      (Kat. Nr. 59)

102   I. Remak *Antike Szene mit dem Gott Merkur* 21. 12. 1938 (Kat. Nr. 63)

103   Werner Lier *Makkabi* Dezember 1938 (Kat. Nr. 61)

A. Schlesinger VI6

105 Georg Dreyfus
Tanzendes Paar
Februar 1939
(Kat. Nr. 68)

106 Ohne Namen
Kostümfest
ohne Datum
(Kat. Nr. 90)

◁
104 H. Schlesinger
Götzendienst
Dezember 1938
(Kat. Nr. 62)

107 M. Lermann *Purim* Februar 1939 (Kat. Nr. 69)

108   Flora Jentes
      Sanitäter
      Juni 1939
      (Kat. Nr. 73)

109   Anita Pukascz
      Kriegskrüppel
      September 1939
      (Kat. Nr. 75)

110 Hannelore Lerner
*Lots Flucht aus
Sodom*
August 1939
(Kat. Nr. 74)

111 Gisa Blau
In der Synagoge
November 1939
(Kat. Nr. 76)

▷
112 A. F.
Litfaßsäule
1939
(Kat. Nr. 67)

113 Ursel Cohn
Schlaraffenland
Januar 1940
(Kat. Nr. 80)

114 Anita Pukascz
Vor der Spiegel-
kommode
Januar 1940
(Kat. Nr. 81)

115 Eve Marx
In der Küche
ohne Datum
(Kat. Nr. 98)

116 Renate Laband
Gerücht
ohne Datum
(Kat. Nr. 96)

117   Gerda Tuchner *Noah entsendet die Taube* August 1940 (Kat. Nr. 82)

118   Katalog ›*Entartete Musik*‹ Düsseldorf 1938

119   Puppe in der Uniform eines Hitler-Jungen

Elvira Bauer
Trau keinem Fuchs
auf grüner Heid
und keinem Jud
bei seinem Eid
1936

120 *Jüdische Namen*

121 *Das ist der Streicher!*

122 *Er hat den Stürmer
drucken lassen*

123 *Ins Judenkaufhaus
gehn wir nicht!*

124 *Nun wird es in der*
 Schule schön

125 *Des Führers Jugend*

Katalog der ausgestellten Arbeiten

In Klammern gesetzte Titel stammen von den Herausgebern. Bei den Klassenangaben der Berliner Schulen war eine einheitliche Angabe nicht möglich.

Kat. Nr. 1   Abb. 55
Ilse Marx 9. Schuljahr
(Hiob) Oktober 1936
Deckfarben 30,0 × 26,3 cm
Stadtmuseum Düsseldorf
Inv. Nr. 1983/71 (120)

Kat. Nr. 2   Abb. 56
Ohne Namen
Zeichenstunde Dezember 1936
Bleistift, Deckfarben 31,8 × 24,1 cm
Stadtmuseum Düsseldorf
Inv. Nr. 1983/71 (593)

Kat. Nr. 3
G(erd) Westfeld 5. Schuljahr
(Geschichtsstunde:) Roosevelts Sieg
Dezember 1936
Bleistift, farbige Kreiden 23,7 × 32,6 cm
Stadtmuseum Düsseldorf
Inv. Nr. 1983/71 (168)

Kat. Nr. 4   Abb. 60
H(elmut) Cahn
(Cowboy). 1937
Deckfarben 21,0 × 27,5 cm
Stadtmuseum Düsseldorf
Inv. Nr. 1983/71 (686)

Kat. Nr. 5   Abb. 49
M(argot) Cohn
Auszug aus Ägypten Januar 1937
Schwarze Deckfarbe 32,0 × 24,1 cm
Stadtmuseum Düsseldorf
Inv. Nr. 1983/71 (163)

Kat. Nr. 6   Abb. 52
Ohne Namen
(Moses teilt das Rote Meer) ohne Datum
Bleistift 24,3 × 31,9 cm

Stadtmuseum Düsseldorf
Inv. Nr. 1983/71 (162)

Kat. Nr. 7   Abb. 51
Sella Helga Paradies 7. Schuljahr
Fronarbeit in Ägypten Januar 1937
Schwarze Deckfarbe 19,4 × 26,1 cm
Stadtmuseum Düsseldorf
Inv. Nr. 1983/71 (164)

Kat. Nr. 8   Abb. 48
G. Sostheim 7. Schuljahr
Auffindung Moses Januar 1937
Schwarze Deckfarbe, Bleiweiß
25,0 × 19,4 cm
Stadtmuseum Düsseldorf
Inv. Nr. 1983/71 (148)

Kat. Nr. 9   Abb. 50
Ohne Namen 7. Schuljahr
Auffindung Moses. Februar 1937
Bleistift, schwarze Deckfarbe
24,2 × 31,8 cm
Stadtmuseum Düsseldorf AL 722

Kat. Nr. 10   Abb. 57
E(va) Alexander 7. Schuljahr
Maske Februar 1937
Deckfarben 31,9 × 24, 1 cm
Stadtmuseum Düsseldorf AL 244

Kat. Nr. 11
M(arianne) Eckstein 6. Schuljahr
(Alter Mann im Ohrensessel) März 1937
Deckfarben 31,3 × 23,8 cm
Stadtmuseum Düsseldorf
Inv. Nr. 1983/71 (383)

Kat. Nr. 12   Abb. 59
Margot Salomon 7. Schuljahr
Afrika März 1937
Deckfarben 24,8 × 24,2 cm
Stadtmuseum Düsseldorf
Inv. Nr. 1983/71 (71)

Kat. Nr. 13
Hermann Feldmann
(Afrika) ohne Datum
Deckfarben 24,0 × 33,0 cm
Stadtmuseum Düsseldorf
Inv. Nr. 1983/71 (536)

Kat. Nr. 14   Abb. 58
Ohne Namen
(Neger) ohne Datum
Deckfarben 25,9 × 19,2 cm
Stadtmuseum Düsseldorf AL 791

Kat. Nr. 15   Abb. 63
Manfred Kaufmann 6. Schuljahr
Prometheus Mai 1937
Deckfarben 24,0 × 33,0 cm
Stadtmuseum Düsseldorf
Inv. Nr. 1983/71 (744)

Kat. Nr. 16   Abb. 61
H(enni) Schwarz 8. Schuljahr
Indien Mai 1937
Deckfarben 24,2 × 31,8 cm
Stadtmuseum Düsseldorf
Inv. Nr. 1983/71 (737)

Kat. Nr. 17   Abb. 62
Ohne Namen 8. Schuljahr
China Mai 1937
Bleistift, Deckfarben 19,1 x 27,6 cm
Stadtmuseum Düsseldorf AL 851

Kat. Nr. 18
Ohne Namen 9. Schuljahr
Alte Stadt Mai 1937
Deckfarben 24,3 × 31,8 cm
Stadtmuseum Düsseldorf AL 737

Kat. Nr. 19   Abb. 64
G(ünther) Cahn 6. Schuljahr
Atlas Juni 1937
Deckfarben 31,7 × 22,7 cm
Stadtmuseum Düsseldorf
Inv. Nr. 1983/71 (658)

Kat. Nr. 20
Inge Jordan 6. Schuljahr
Stier von Minos Juni 1937
Deckfarben 11,0 × 27,4 cm
Stadtmuseum Düsseldorf
Inv. Nr. 1983/71 (689)

Kat. Nr. 21
Ellen Wallach 4. Schuljahr
Schofarbläser September 1937
Farbige Kreiden 21,0 × 27,5 cm
Stadtmuseum Düsseldorf
Inv. Nr. 1983/71 (523)

Kat. Nr. 22
Lotti Ran 6. Schuljahr
Melker September 1937
Deckfarben 21,0 × 27,5 cm
Stadtmuseum Düsseldorf
Inv. Nr. 1983/71 (731)

Kat. Nr. 23   Abb. 47
Ohne Namen
(Dr. Siegfried) Klein Oktober 1937
Schwarze Deckfarbe 27,0 × 21,0 cm

Stadtmuseum Düsseldorf
Inv. Nr. 1983/71

Kat. Nr. 24   Abb. 46
D(ora) Moritz 6. Schuljahr
(Rabbiner) Oktober 1937
Bleistift 28,7 × 21,0 cm
Stadtmuseum Düsseldorf AL 657

Kat. Nr. 25   Abb. 65
Eugen Wallach 4. Schuljahr
Auswanderer Oktober 1937
Bleistift, Deckfarben 37,6 × 28,8 cm
Stadtmuseum Düsseldorf
Inv. Nr. 1983/71 (69)

Kat. Nr. 26   Abb. 66
Hermann Feldmann
Müllmer Bötchen ohne Datum
Bleistift, Deckfarben 24,1 × 32,0 cm
Stadtmuseum Düsseldorf
Inv. Nr. 1983/71 (139)

Kat. Nr. 27   Abb. 70
Ellen Wallach 4. Schuljahr
Zigeuner Oktober 1937
Deckfarben 21,0 × 27,5 cm
Stadtmuseum Düsseldorf
Inv. Nr. 1983/71 (551)

Kat. Nr. 28
Esther Rüßler 4. Schuljahr
(Zigeuner) Oktober 1937
Mischtechnik 23,5 × 34,5 cm
Stadtmuseum Düsseldorf
Inv. Nr. 1983/71 (539)

Kat. Nr. 29   Abb. 68
H(einz) Leopold 5. (?) Schuljahr
Altstadt Oktober 1937
Buntstifte, Tinte 21,0 × 27,5 cm
Stadtmuseum Düsseldorf AL 245

Kat. Nr. 30   Abb. 72
Leo-Wolf Klarmann 6. Schuljahr
Dieb Oktober 1937
Deckfarben 27,5 × 20,9 cm
Stadtmuseum Düsseldorf
Inv. Nr. 1983/71 (723)

Kat. Nr. 31   Abb. 67
Leo-Wolf Klarmann 6. Schuljahr
Lastträger Oktober 1937
Deckfarben 21,0 × 27,7 cm
Stadtmuseum Düsseldorf
Inv. Nr. 1983/71 (134)

Kat. Nr. 32   Abb. 73
R(uth) Pschednowek 7. Schuljahr
(Muster) Oktober 1937
Deckfarben 26,2 × 29,2 cm
Stadtmuseum Düsseldorf
Inv. Nr. 1983/71 (374)

Kat. Nr. 33   Abb. 75
Kurt Mayer 7. Schuljahr
Orchester Oktober 1937
Deckfarben 24,0 × 31,9 cm
Stadtmuseum Düsseldorf
Inv. Nr. 1983/71 (422)

Kat. Nr. 34   Abb. 74
M(arianne) Seligmann 7. Schuljahr
(Konzert) Oktober/November 1937
Deckfarben 24,3 × 31,7 cm
Stadtmuseum Düsseldorf
Inv. Nr. 1983/71 (30)

Kat. Nr. 35   Abb. 76
Helene Testiler 7. Schuljahr
(Kabarett) ohne Datum
Deckfarben 21,0 × 27,6 cm
Stadtmuseum Düsseldorf
Inv. Nr. 1983/71 (28)

Kat. Nr. 36   Abb. 78
K(urt)-H(einz) Elias 7. Schuljahr
Rütli-Schwur Oktober 1937
Deckfarben 17,8 × 20,9 cm
Stadtmuseum Düsseldorf
Inv. Nr. 1983/71 (713)

Kat. Nr. 37   Abb. 81
M(argit) Hartmann 6. Schuljahr
Hl. Martin November 1937
Deckfarben 21,1 × 26,7 cm
Stadtmuseum Düsseldorf AL 533

Kat. Nr. 38   Abb. 80
G(ünther) Cahn 6. Schuljahr
De gröne Jong November 1937
Deckfarben 21,0 × 27,5 cm
Stadtmuseum Düsseldorf
AL 534

Kat. Nr. 39   Abb. 82
H(eni) Steppel 6. Schuljahr
Tippelbrüder November 1937
Deckfarben 27,5 × 21,0 cm
Stadtmuseum Düsseldorf AL 229

Kat. Nr. 40   Abb. 69
Gerhard Wahrenberg 7. Schuljahr
(Düsseldorfer) Altstadt November 1937
Deckfarben 21,0 × 27,6 cm

Stadtmuseum Düsseldorf
Inv. Nr. 1983/71 (779)

Kat. Nr. 41
Mela(nie) Lesekewitz 8. Schuljahr
(Muster) November 1937
Deckfarben, Tinte 27,6 × 21,1 cm
Stadtmuseum Düsseldorf
Inv. Nr. 1983/71 (466)

Kat. Nr. 42   Abb. 85
Max Rosner 4. Schuljahr
Makkabi Dezember 1937
Bleistift, Deckfarben 21,0 × 27,5 cm
Stadtmuseum Düsseldorf
Inv. Nr. 1983/71 (160)

Kat. Nr. 43   Abb. 79
I(nge) Lewin 6. Schuljahr
Der blinde König Dezember 1937
Deckfarben 21,0 × 27,6 cm
Stadtmuseum Düsseldorf
Inv. Nr. 1983/71 (668)

Kat. Nr. 44
Vera Winter 7. Schuljahr
Bäuerin Dezember 1937
Bleistift, Deckfarben, Tusche
27,6 × 20,9 cm
Stadtmuseum Düsseldorf
Inv. Nr. 1983/71 (439)

Kat. Nr. 45   Abb. 89
I(nge) Lewin 6. Schuljahr
Baumschule Januar 1938
Mischtechnik 21,0 × 27,6 cm
Stadtmuseum Düsseldorf
Inv. Nr. 1983/71 (630)

Kat. Nr. 46   Abb. 86
Ohne Namen
Erzwungene Verbeugung März 1938
Farbige Kreiden 21,0 × 27,5 cm
Stadtmuseum Düsseldorf AL 246

Kat. Nr. 47
Willi Cohn (?)
Laden April 1938
Deckfarben, Tinte 16,2 × 26,5 cm
Stadtmuseum Düsseldorf AL 562

Kat. Nr. 48   Abb. 93
Hans Rosbauer Klasse IV
Holzhauer Juni 1938
Deckfarben 28,5 × 20,5 cm
Besitz Mieke Monjau

Kat. Nr. 49   Abb. 95
Ohne Namen Obertertia
(Das Brandenburger Tor in Berlin)

August 1938
Deckfarben 20,6 × 28,5 cm
Stadtmuseum Düsseldorf
Inv. Nr. 1983/71 (14)

Kat. Nr. 50   Abb. 94
. . . Dresdner 4. Jahrgang
Sämann August 1938
Deckfarben 31,9 × 24,0 cm
Stadtmuseum Düsseldorf
Inv. Nr. 1983/71 (484)

Kat. Nr. 51   Abb. 97
Georg Dreyfus Klasse V
(Afrika) September 1938
Deckfarben 20,7 × 27,7 cm
Besitz Mieke Monjau

Kat. Nr. 52   Abb. 98
M. Rosenstock Klasse IV
(Afrika) ohne Datum
Deckfarben 32,0 × 27,5 cm
Stadtmuseum Düsseldorf
Inv. Nr. 1983/71 (707)

Kat. Nr. 53
Th. Schüttenberg Klasse 5
(Kundschafter aus Kanaan) Oktober 1938
Deckfarben 20,8 × 27,5 cm
Besitz Mieke Monjau

Kat. Nr. 54   Abb. 99
G. Jacobsohn Klasse IV
Wettlauf der Lehrer November 1938
Deckfarben 16,9 × 28,1 cm
Stadtmuseum Düsseldorf
Inv. Nr. 1983/71 (31)

Kat. Nr. 55   Abb. 100
Kurt Lippmann Klasse 2
Sommernachtstraum November 1938
Deckfarben 20,7 × 27,5 cm
Stadtmuseum Düsseldorf
Inv. Nr. 1983/71 (129)

Kat. Nr. 56   Abb. 53
Joachim Tietz Untertertia
Wettbewerb für ›Die Brücke‹
November 1938
Schwarze Deckfarbe, Bleiweiß
20,5 × 27,7 cm
Stadtmuseum Düsseldorf
Inv. Nr. 1983/71 (11)

Kat. Nr. 57   Abb. 54
H. Kneller Untertertia
Die Brücke ›Zeitschrift der Kaliski-Schule‹
November 1938

Linolschnitt 27,8 × 21,0 cm
Stadtmuseum Düsseldorf
Inv. Nr. 1983/71 (12)

Kat. Nr. 58
I. Remak Klasse IV
Kamel November 1938
Deckfarben 27,6 × 20,6 cm
Stadtmuseum Düsseldorf
Inv. Nr. 1983/71 (53)

Kat. Nr. 59   Abb. 101
Albert Tell Klasse 5
(Kampfszene) November 1938
Deckfarben 25,5 × 41,8 cm
Stadtmuseum Düsseldorf
Inv. Nr. 1983/71 (575)

Kat. Nr. 60
Ernst Gotthilf Klasse 5
Ernte November 1938
Deckfarben 21,0 × 27,5 cm
Stadtmuseum Düsseldorf
Inv. Nr. 1983/71 (567)

Kat. Nr. 61   Abb. 103
Werner Lier Klasse 3
Makkabi Dezember 1938
Deckfarben 18,4 × 22,6 cm
Stadtmuseum Düsseldorf
Inv. Nr. 1983/71 (4)

Kat. Nr. 62   Abb. 104
H. Schlesinger Klasse IV
(Götzendienst) Dezember 1938
Deckfarben 27,4 × 21,0 cm
Besitz Mieke Monjau

Kat. Nr. 63   Abb. 102
I. Remak Klasse IV
(Antike Szene mit dem Gott Merkur)
21. 12. 1938
Deckfarben, Tinte 20,6 × 27,5 cm
Besitz Mieke Monjau

Kat. Nr. 64
W. Frank Untertertia
Götzendienst Dezember 1938
Deckfarben 27,5 × 21,0 cm
Stadtmuseum Düsseldorf
Inv. Nr. 1983/71 (142)

Kat. Nr. 65
Ohne Namen
(Götzenbild) ohne Datum
Transparentbild 40,3 × 30,0 cm
Besitz Mieke Monjau

Kat. Nr. 66   Abb. 96
. . . Sternberg Untertertia
London Dezember 1938
Deckfarben 20,6 × 27,4 cm
Besitz Mieke Monjau

Kat. Nr. 67   Abb. 112
A. F.
(Litfaßsäule) 1939
Deckfarben 32,0 × 24,4 cm
Stadtmuseum Düsseldorf
Inv. Nr. 1983/71 (17)

Kat. Nr. 68   Abb. 105
Georg Dreyfus Klasse 5
(Tanzendes Paar) Februar 1939
Deckfarben 21,0 × 26,3 cm
Besitz Mieke Monjau

Kat. Nr. 69   Abb. 107
M. Lermann Klasse VI
Purim Februar 1939
Deckfarben 20,8 × 28,4 cm
Stadtmuseum Düsseldorf AL 528

Kat. Nr. 70
Ursel Berger Klasse VII
(Hahn) Mai 1939
Deckfarben 27,6 × 20,5 cm
Stadtmuseum Düsseldorf
Inv. Nr. 1983/71 (54)

Kat. Nr. 71
Dora Sylbertrest Klasse VIII
(Zwei Fische) Mai 1939
Deckfarben 21,1 × 28,6 cm
Stadtmuseum Düsseldorf
Inv. Nr. 1983/71 (20)

Kat. Nr. 72
Nanny Horowitz Klasse 7
Zum Hasensteg Juni 1939
Deckfarben 15,2 × 27,2 cm
Besitz Mieke Monjau

Kat. Nr. 73   Abb. 108
Flora Jentes Klasse VIII
(Sanitäter) Juni 1939
Deckfarben 21,0 × 27,4 cm
Besitz Mieke Monjau

Kat. Nr. 74   Abb. 110
Hannelore Lerner Klasse VII
(Lots Flucht aus Sodom) August 1939
Deckfarben 21,1 × 27,5 cm
Besitz Mieke Monjau

Kat. Nr. 75   Abb. 109
Anita Pukascz Klasse VIII
(Kriegskrüppel) September 1939
Deckfarben 20,5 × 27,5 cm
Stadtmuseum Düsseldorf
Inv. Nr. 1983/71 (169)

Kat. Nr. 76   Abb. 111
Gisa Blau Klasse IV
(In der Synagoge) November 1939
Deckfarben 21,0 × 28,6 cm
Stadtmuseum Düsseldorf
Inv. Nr. 1983/71 (128)

Kat. Nr. 77
I. Rothmacheg Klasse V
Zigeuner November 1939
Bleistift, Deckfarben 20,7 × 27,7 cm
Besitz Mieke Monjau

Kat. Nr. 78
Sonja Weißb . . Klasse VII
(Ährenbinderin und Schnitter)
November 1939
Deckfarben 26,9 × 20,9 cm
Besitz Mieke Monjau

Kat. Nr. 79
Ursel Cohn Klasse VIII
(Gartenarbeiten) November 1939
Deckfarben 20,5 x 26,5 cm
Besitz Mieke Monjau

Kat. Nr. 80   Abb. 113
Ursel Cohn Klasse VIII
(Schlaraffenland) Januar 1940
Deckfarben 20,4 x 27,4 cm
Besitz Mieke Monjau

Kat. Nr. 81   Abb. 114
Anita Pukascz Klasse VIII
(Vor der Spiegelkommode) Januar 1940
Deckfarben 20,6 x 27,5 cm
Besitz Mieke Monjau

Kat. Nr. 82   Abb. 117
Gerda Tuchner Klasse VI
(Noah entsendet die Taube) August 1940
Deckfarben 20,5 x 27,5 cm
Stadtmuseum Düsseldorf
Inv. Nr. 1983/71 (8)

Kat. Nr. 83
Walter Bloch Klasse VI
(Maskenfries) August 1941
Deckfarben 10,1 x 28,4 cm
Besitz Mieke Monjau

Kat. Nr. 84   Abb. 92
Ohne Namen
(Mann in SA-Uniform) ohne Datum
Braune und gelbe Kreide 17,9 x 12,0 cm
Stadtmuseum Düsseldorf AL 527

Kat. Nr. 85   Abb. 91
Bubi . . . 5 Jahre
(Haus mit Hakenkreuzfahne)
ohne Datum
Bleistift, Buntstifte 16,5 x 21,0 cm
Stadtmuseum Düsseldorf
Inv. Nr. 1983/71 (116)

Kat. Nr. 86   Abb. 87
Eugen Wallach (Düsseldorf)
(Haman am Galgen) ohne Datum
Deckfarben 21,0 x 27,5 cm
Stadtmuseum Düsseldorf
Inv. Nr. 1983/71 (117)

Kat. Nr. 87   Abb. 88
Heinz Marcus Klasse VI
(Mann am Galgen) ohne Datum
Deckfarben 20,5 x 27,7 cm
Stadtmuseum Düsseldorf
Inv. Nr. 1983/71 (137)

Kat. Nr. 88
. . . Munderstein
(Elias) ohne Datum
Deckfarben 20,7 x 27,4 cm
Besitz Mieke Monjau

Kat. Nr. 89
Ohne Namen
Karneval ohne Datum
Bleistift, Pastell 21,0 x 29,6 cm
Stadtmuseum Düsseldorf
Inv. Nr. 1983/71 (115)

Kat. Nr. 90   Abb. 106
Ohne Namen
(Kostümfest) ohne Datum
Klebebild 27,9 x 35,9 cm
Besitz Mieke Monjau

Kat. Nr. 91   Abb. 84
M. Franz
(Zwei Juden) ohne Datum
Bleistift, Deckfarben 26,0 x 19,4 cm
Stadtmuseum Düsseldorf
Inv. Nr. 1983/71 (136)

Kat. Nr. 92
(Parade) ohne Datum
Mischtechnik 24,5 x 31,5 cm

Stadtmuseum Düsseldorf
Inv. Nr. 1983/71 (19)

Kat. Nr. 93
G(isela) Straus (Düsseldorf)
(Gewichtheber − Makkabi-Sportverein)
ohne Datum
Deckfarben 32,0 x 24,4 cm
Stadtmuseum Düsseldorfer AL 621

Kat. Nr. 94   Abb. 77
R(olf) Cahn (Düsseldorf)
(Kosakentanz) ohne Datum
Deckfarben 17,5 x 24,0 cm
Stadtmuseum Düsseldorf AL 626

Kat. Nr. 95
Ohne Namen
(Weinlese am Rhein) ohne Datum
Deckfarben 19,3 x 25,1
Stadtmuseum Düsseldorf AL 584

Kat. Nr. 96   Abb. 116
Renate Laband Klasse IV
(Gerücht) ohne Datum
Deckfarben 26,4 x 36,3 cm
Stadtmuseum Düsseldorf
Inv. Nr. 1983/71 (15)

Kat. Nr. 97   Abb. 97
R. Fahr
Pflasterer ohne Datum
Deckfarben 26,0 x 19,1 cm
Stadtmuseum Düsseldorf AL 559

Kat. Nr. 98   Abb. 115
Eve Marx
(In der Küche) ohne Datum
Deckfarben 16,5 x 27,0 cm
Stadtmuseum Düsseldorf AL 582

Kat. Nr. 99
Kurt Reich
(Schlittenfahrt) ohne Datum
Pastellkreiden 15,9 x 22,5 cm
Stadtmuseum Düsseldorf AL 879

Kat. Nr. 100
Ohne Namen
Liliputanerstadt ohne Datum
Deckfarben 21,7 x 32,0 cm
Stadtmuseum Düsseldorf AL 535

Kat. Nr. 101   Abb. 90
Ohne Namen
(Flugzeuge über einer Stadt) ohne Datum
Deckfarben, Tusche 18,8 x 22,8 cm
Stadtmuseum Düsseldorf AL 566

Kat. Nr. 102   Abb. 83
E. Kruppe
(Das Hermannsdenkmal im Teutoburger Wald) ohne Datum
Buntstifte 25,0 x 27,3 cm
Stadtmuseum Düsseldorf
Inv. Nr. 1983/71 (130)

Kat. Nr. 103
Ohne Namen
Ein Neger aus Afrika . . . ohne Datum
Deckfarben 22,2 x 19,5 cm
Stadtmuseum Düsseldorf AL 241

Kat. Nr. 104
Ohne Namen
Die Bürgschaft ohne Datum
Bleistift, Deckfarben 13,3 x 24,4 cm
Stadtmuseum Düsseldorf
Inv. Nr. 1983/71 (82)

Kat. Nr. 105
. . .wig Kasischke
Der Handschuh ohne Datum
Deckfarben, Tinte 24,7 x 32,9 cm
Stadtmuseum Düsseldorf
Inv. Nr. 1983/71 (16)

* * *

Willem Jean Baptiste Stocké
(1900 Beweren Waast/Belgien − 1945 Berlin)
1916−18 Studium der Archäologie in Brüssel. 1918 Übersiedlung nach Deutschland. 1919−25 Studium an der Kunstakademie in München, 1926−28 an der Kunstakademie in Düsseldorf. 1932 Berufung als Professor an die Kunstakademie in Düsseldorf. 1932 Berufung als Professor an die Kunstakademie in Fulda; noch vor Amtsantritt 1933 von den Nationalsozialisten entlassen. 1935 Übersiedlung von Düsseldorf nach Berlin. 1944 verhaftet, 1945 in einem Berliner Gefängnis durch Bomben umgekommen.

Kat. Nr. 106   Abb. 3
Karlrobert Kreiten um 1925
Öl auf Leinwand 90,5 x 65,0 cm
Stadtmuseum Düsseldorf
Karlrobert Kreiten (1916−1943), ein junger deutscher Pianist, wurde wegen einer antinationalsozialistischen Äußerung verhaftet und am 7. 9. 1943 in Berlin-Plötzensee hingerichtet.

Gert Heinrich Wollheim
(1894 Dresden-Loschwitz − 1974 New York)
Sohn einer wohlhabenden jüdischen Familie. 1911−13 Ausbildung an der Kunstakademie Weimar. 1914−17 Soldat im Ersten Weltkrieg, schwer verwundet. 1919−25 Aufenthalt in Düsseldorf. Einer der führenden Köpfe der jungen avantgardistischen Künstler, die aufgrund ihrer Kriegserlebnisse in der Kunst nach neuen Ausdrucksmöglichkeiten suchten. Seine Bilder sorgten schon in den zwanziger Jahren für Proteste seitens des bürgerlichen Publikums. 1925−33 Berlin. 1933 Flucht vor den Nationalsozialisten nach Paris. 1939−42 Internierung in südfranzösischen Lagern, erneute Flucht. 1947 Ausreise nach New York.

Kat. Nr. 107   Abb. 44
Arthur Kaufmann mit seinen Kindern Miriam und Hans um 1925
Öl auf Leinwand 68 x 80 cm
Stadtmuseum Düsseldorf
Der Maler Arthur Kaufmann (1888−1971) gehörte wie Gert Wollheim zu den wichtigsten fortschrittlichen Künstlern der zwanziger Jahre in Düsseldorf. 1933 wurde er als Jude von der Kunstgewerbeschule in Düsseldorf entlassen, er emigrierte zunächst nach Holland und 1935 in die USA, wo er bis zu seinem Tod lebte.

Mathias Barz
(1895 Düsseldorf−1982 Margraten/Niederlande)
1913−22 Studium an der Kunstakademie Düsseldorf. 1925 Heirat mit der Jüdin Brunhilde Stein. 1933 Hausdurchsuchung, Beschlagnahme und Vernichtung dreier Bilder durch die Nationalsozialisten. 1936 kurzfristige Verhaftung des Ehepaars. 1939 endgültiger Ausschluß aus der Reichskammer der Bildenden Künste und damit Malverbot und Ausstellungsverbot. Ablehnung der mehrfachen Aufforderungen, sich von seiner jüdischen Frau scheiden zu lassen. 1944, kurz vor der drohenden Deportation von Frau Barz, Flucht des Ehepaars und anschließend ein Leben von Versteck zu

Versteck. 1965 Tod von Brunhilde Barz. 1973 Umzug in die Niederlande.

Kat. Nr. 108   Abb. 1
Proletarierkinder 1926
Öl auf Leinwand 171 x 121 cm
Stadtmuseum Düsseldorf
Siehe auch Kat. Nr. 122 und 123

Gerhard Keller
(1905 Düsseldorf − 1984 Wachtberg-Oberbachem)
Ab 1923 Studium an der Kunstakademie Düsseldorf, 1929−33 an der Kunstakademie in Berlin. Staatsexamen als Kunsterzieher. Bis 1939 im Schuldienst tätig. Im 2. Weltkrieg Soldat. 1945 bis zur Pensionierung erneut als Kunsterzieher tätig.

Kat. Nr. 109   Abb. 2
Kinderbildnis (Ilse Studemund) 1928
Öl auf Leinwand 73 x 70 cm
Stadtmuseum Düsseldorf, Leihgabe

Franz Monjau
(1903 Köln−1945 Buchenwald)
1920−26 Studium an der Kunstakademie Düsseldorf. Wenig später Ausbildung zum Kunsterzieher. 1933 aus politischen Gründen Berufsverbot, Dienstverpflichtung als technischer Zeichner. 1944 aufgrund einer Denunziation verhaftet, nach Buchenwald deportiert und dort ermordet. (Siehe die Erinnerungen seiner Witwe Mieke Monjau.)

Kat. Nr. 110   Abb. 4
Karneval 1929
Öl auf Leinwand 95 x 75 cm
Stadtmuseum Düsseldorf
Das Bild zeigt den Maler und seine spätere Frau Mieke auf dem Karnevalsfest, auf dem sie sich kennengelernt haben.

Adolf Uzarski
(1885 Duisburg−1970 Düsseldorf)
1906 Studienbeginn an der Kunstgewerbeschule in Düsseldorf. Arbeiten für die Werbeabteilung des Kaufhauses Tietz in Düsseldorf. 1919 neben dem Maler Arthur Kaufmann (siehe Kat. Nr. 107) und dem Dichter Herbert Eulenberg Grün-

dungsmitglied der avantgardistischen Künstlervereinigung ›Das Junge Rheinland‹. Der Satiriker Uzarski arbeitete als Maler, Buchillustrator und als Schriftsteller. 1933–45 keine Ausstellungsmöglichkeiten, 1942 endgültiges Verbot jeder künstlerischen und literarischen Tätigkeit. Nach 1945 satirische und kritische Arbeiten zum vergangenen und gegenwärtigen Zeitgeschehen.

Kat. Nr. 111   Abb. 5
Deutsche Familie 1932
Aquarell auf Papier 67,0 x 48,8 cm
Stadtmuseum Düsseldorf

Otto Pankok
(1893 Mülheim an der Ruhr–1966 Drevenack bei Wesel)
1912–13 Studium an der Kunstakademie in Düsseldorf und Weimar. 1914 als Soldat eingezogen, 1915 bei einer Grabensprengung verschüttet. In den zwanziger Jahren engste Kontakte zur künstlerischen Avantgarde Düsseldorfs. 1935 bis 1945 keine Ausstellungsmöglichkeiten mehr, ständige Bedrohung durch Hausdurchsuchungen und Polizeikontrollen. 1947–58 Professur an der Kunstakademie Düsseldorf.

Kat. Nr. 112   Abb. 39
Zigeunerkinder am Stacheldraht 1936
Holzschnitt 53,5 x 76,7 cm
Stadtmuseum Düsseldorf, Archiv Lauterbach
1931 begegnet Pankok in Südfrankreich zum ersten Male den Sinti. Dieses Erlebnis vertiefte er nach seiner Rückkehr durch enge Kontakte und Freundschaften zu den Sinti in Düsseldorf. Neben Darstellungen aus ihrem Alltagsleben schuf er Bilder, in denen er mutig die Vertreibung und Verfolgung der Sinti durch die Nationalsozialisten anprangert. Diese Bilder stehen neben den Werken, in denen Pankok das Schicksal der deutschen Juden schildert.

Julius (Julo) Levin
(1901 Stettin–1943 Auschwitz)
1919–20 Studium an der Kunstgewerbeschule in Essen, 1920 an der Kunstakademie in München, 1923–26 an der Kunstakademie in Düsseldorf. Ab 1926 als freier Künstler in Düsseldorf tätig. 1936 bis 1938 Zeichenlehrer an der jüdischen Schule in Düsseldorf, 1938 bis zur Schließung der Schulen Zeichenlehrer an der Kaliski-Schule und der Holdheim-Schule in Berlin. 1943 verhaftet, nach Auschwitz deportiert und ermordet.

Kat. Nr. 113   Abb. 7
Mein Freund Ibrahim 1931
Öl auf Leinwand 64,5 x 76,5 cm
Stadtmuseum Düsseldorf
1931 unternahm Levin – wie viele Düsseldorfer Künstler – eine Studienreise nach Marseille und freundete sich mit den dort im Hafen arbeitenden Menschen an. Ibrahim Kountel, alias Breman, fuhr als Schiffskoch auf der Route Marseille – Casablanca – Dakar – Marseille. Levin hat ihn mehrfach porträtiert.

Kat. Nr. 114   Abb. 8
Hiob 1933/34
Öl auf Leinwand 69 x 103 cm
Stadtmuseum Düsseldorf
Das Bild entstand, nachdem Levin selbst, das Ehepaar Monjau, Levins Ateliernachbar und Freund Karl Schwesig und viele Freunde und Bekannte bei der ersten Massenverhaftung politisch links stehender Düsseldorfer 1933 festgenommen und gefoltert worden waren.

Kat. Nr. 115   Abb. 6
Meine Mutter 1939/40
Öl auf Leinwand 110 x 76 cm
Stadtmuseum Düsseldorf
Levin malte seine Mutter, Frau Emma Levin, geb. Arnfeld, in Berlin, wohin sie sicherheitshalber aus Stettin umgezogen war. 1942 wurde Frau Levin nach Theresienstadt deportiert und ermordet.

Carl Lauterbach
(geb. 1906 Burscheid; lebt in Düsseldorf)
1924–30 Studium an der Kunstakademie in Düsseldorf. Nach 1930 als freier Künstler tätig. 1933 und später Beschlagnahme von Bildern Lauterbachs. Neben unverfänglichen Bildern für offizielle Ausstellungen künstlerische Arbeit im geheimen und Hilfsaktionen für gefährdete und verfolgte Freunde. Neben der künstlerischen Arbeit stetiger Aufbau einer umfangreichen Sammlung älterer und vor allem zeitbezogener Dokumente (Archiv Lauterbach).

Kat. Nr. 116   Abb. 44
Selbstbildnis mit dem Tod 1939
Tusche und Aquarell auf Japanpapier 92 x 62 cm
Stadtmuseum Düsseldorf,
Archiv Lauterbach

Kat. Nr. 117   Abb. 43
Hinter Stacheldraht 1942
Kohle und Kreide auf Papier 50 x 35 cm
Stadtmuseum Düsseldorf,
Archiv Lauterbach

Bernhard Sopher
(1879 Sfad/Israel–1949 Los Angeles)
1897 Studienbeginn an der Kunstakademie Berlin, 1906–09 Studium an der Kunstakademie Weimar. Ab 1910 in Düsseldorf als freier Bildhauer tätig. 1914 Erwerb der deutschen Staatsangehörigkeit, während des Ersten Weltkrieges Soldat. In den zwanziger Jahren als angesehener Bildhauer tätig. 1935 Entschluß, Deutschland zu verlassen, 1937 Einwanderung in die USA. 1943 Erwerb der amerikanischen Staatsangehörigkeit.

Kat. Nr. 118   Abb. 9
Chinesische Mutter 1942
Terrakotta, Höhe 36 cm
Stadtmuseum Düsseldorf, Dauerleihgabe
Die Figur gehört zu einer Serie mit dem Titel ›Motherhood in War‹. Sopher schuf die zehn Werke, als 1942 Kriegsnachrichten über besetzte und bombardierte Länder und die Schicksale der Zivilbevölkerung bekannt wurden.

Paul Loskill
(geb. 1899 in Düsseldorf; lebt in Südfrankreich)
1917 Soldat im Ersten Weltkrieg, 1918 verwundet. 1919–25 Studium an der Kunstakademie in Düsseldorf. Einrichtung einer Mosaiksetzerei. Übernahme der elterlichen Porzellan- und Glashand-

lung, Erweiterung um ein Atelier für Glas- und Porzellanmalerei. 1943 Verlust des größten Teils der Arbeiten während der Bombenangriffe.

Kat. Nr. 119   Abb. 10
Die Bombenmadonna 1943
Tempera auf Leinwand 81 x 60 cm
Stadtmuseum Düsseldorf

Hanna Fonk
(1905 Göttingen – 1969 Düsseldorf)
1924–28 Studium an der Kunstakademie in Düsseldorf. Freundin von Mieke Monjau. Wurde dem Ehepaar Monjau und anderen Freunden zum Verhängnis, als sie bei einer Verhaftung 1933 den brutalen Verhörmethoden nicht standhielt.

Kat. Nr. 120   Abb. 20
Mieke Monjau 1947
Lithographie 57,0 x 42,9 cm
Stadtmuseum Düsseldorf

Peter August Böckstiegel
(1889 Arrode/Westfalen – 1951 Arrode)
1903–07 Anstreicher- und Glaserlehre in Bielefeld. 1907–13 Studium an der Kunstgewerbeschule in Bielefeld, 1913 bis 1915 an der Kunstakademie in Dresden. 1915–19 Kriegsdienst. Rückkehr nach Dresden. Bedeutender Vertreter des Expressionismus, Träger wichtiger Kunstpreise. 1937 Beschlagnahme seiner Werke in deutschen Museen, 1945 Verlust zahlreicher Arbeiten bei der Bombardierung Dresdens. Rückkehr nach Arrode.

Kat. Nr. 121   Abb. 13
Flüchtlingsjunge 1951
Pastell auf dunklem Papier 74 x 54 cm
Stadtmuseum Düsseldorf

Mathias Barz
(Biographie siehe Kat. Nr. 108)

Kat. Nr. 122   Abb. 11
Inferno 1945 begonnen
Öl auf Holz 151 x 151 cm
Stadtmuseum Düsseldorf
Das Bild zeigt den gekreuzigten Christus in den Reihen der zur Ermordung getriebenen Juden. Es wendet sich gegen die Behauptung, Jesus sei kein Jude gewesen. Neben dem Gekreuzigten schwebt deshalb sein Judenstern. Barz malte bis kurz vor seinem Tod an dem Bild, die Schrecken der Vergangenheit und die Gleichgültigkeit der Gegenwart hinderten ihn, das Bild als vollendet zu betrachten.

Kat. Nr. 123   Abb. 12
SS-Mann 1979
Öl auf Karton 114 x 87 cm
Stadtmuseum Düsseldorf

Lothar Spinn-Conradt
(geb. 1941 in Braunschweig; lebt in Düsseldorf)
Architekturstudium in Aachen und an der Kunstakademie Düsseldorf. Als Fotograf Autodidakt. An zahlreichen Ausstellungen beteiligt.

Kat. Nr. 124   Abb. 18
Stadtbild: Von hier aus: deportiert 1985
Fotomontage 40,5 x 30,5 cm
Stadtmuseum Düsseldorf
Vom Bahnhof Düsseldorf-Bilk gingen die Deportationszüge ab.

Kat. Nr. 125   Abb. 19
Stadtbild: Mühlenstraße/Majdanek-Prozeß 1985
Fotomontage 40,5 x 30,5 cm
Stadtmuseum Düsseldorf
In dem Amtsgericht Mühlenstraße 34 wurde über Jahre hinweg gegen die Verantwortlichen im Konzentrationslager Majdanek verhandelt.

Matthias Koeppel
(geb. 1937 in Hamburg; lebt in Berlin)
1955–61 Studium an der Hochschule für bildende Kunst in Berlin. Seit 1961 freischaffender Künstler, Träger mehrerer Kunstpreise. 1972–81 Lehrauftrag an der Staatlichen Hochschule für bildende Kunst in Berlin, seit 1981 Professur für Zeichnen und Malen an der Techn. Universität Berlin. Zahlreiche Einzelausstellungen und Ausstellungsbeteiligungen.

Kat. Nr. 126   Abb. 14
Blick zurück (Des Führers Teehaus bei Berchtesgaden) 1985
Öl auf Leinwand 150 x 200 cm
Stadtmuseum Düsseldorf
Das Bild gehört in eine Serie ›Deutsche Landschaften‹. Im Mittelgrund steht das Teehaus, das noch immer eine Touristenattraktion ist. Die Figur, die durch das Fernrohr in Richtung Watzmann blickt, ist ein Selbstbildnis des Künstlers.

Youval Yariv
(geb. 1942 im Kibbuz Dafna/Israel; lebt in Düsseldorf)
Studium am Avni-Institut in Tel Aviv, an der Académie des Beaux-Arts in Brüssel, an der Central School of Art, dem Morley College und dem Sir John Cass College in London und an der Kunstakademie in Düsseldorf. Zahlreiche Einzelausstellungen und Ausstellungsbeteiligungen.

Kat. Nr. 127   Abb. 15
Der Künstler auf seinem Weg zur Arbeit nach dem Bild von Vincent van Gogh aus dem Zyklus ›Hommage à Dinah Gottlieb‹ Nr. 1 1985
Öl auf Leinwand 200 x 300 cm
Stadtmuseum Düsseldorf

Kat. Nr. 128   Abb. 16
Der Künstler auf seinem Weg zur Arbeit nach dem Bild von Vincent van Gogh aus dem Zyklus ›Hommage à Dinah Gottlieb‹ Nr. 4 1986/87
Öl auf Leinwand 214 x 300 cm
Stadtmuseum Düsseldorf

Sandra Ikse
(geb. 1945 in Lübeck; lebt in Göteborg/Schweden)
1964–68 Studium an der Kunstgewerbeschule in Göteborg, 1968–73 an der Kunstakademie Valand. Die schwedische Textilkünstlerin, deren Eltern aus Lettland vertrieben worden waren, schuf nach Studienabschluß große Gobelins mit sehr persönlichen Aussagen über soziale und politische Themen.

Kat. Nr. 129   Abb. 17
Zur Erinnerung an Anne Frank 1985
Gobelin 150 x 200 cm
Stadtmuseum Düsseldorf

Danksagung

Das Stadtmuseum Düsseldorf und die Herausgeber danken folgenden Personen und Institutionen für ihre freundliche Unterstützung:

Prof. Dr. Kurt Bergel, Orange, Kalifornien, USA

Inge Bodesohn-Vogel, Köln

Prof. Dr. Michael Daxner, Präsident der Universität Oldenburg

Prof. Dr. Friedrich Kahlenberg, Direktor des Bundesarchivs, Koblenz

Lotte Kaliski, New York, USA

Dr. Roland Klemig, Direktor i. R. des Bildarchivs Preußischer Kulturbesitz, Berlin

Gloria Lachman, Houston, Texas, USA

Hermann Langbein, Comité International des Camps, Wien

Carl Lauterbach, Düsseldorf

Else Levin, London

Dr. Yitzhak Mais, Direktor des Yad Vashem, Jerusalem, Israel

Mieke Monjau, Düsseldorf

Nordrhein-Westfälisches Hauptstaatsarchiv, Düsseldorf

Oberfinanzdirektion, Berlin

Pädagogisches Zentrum, Berlin

Dr. Karl-Heinz Pütz, Direktor des Bildarchivs Preußischer Kulturbesitz, Berlin

Dr. Hans J. Reichhardt, Direktor des Landesarchivs Berlin

Daniel P. Simon, Direktor des Berlin Document Center, Berlin

D. Herrmann Simon, Jüdische Gemeinde von Berlin, DDR

Dr. Kazimierz Smolen, Direktor des Panstowe Muzeum Oswiecim-Brzezinka, Polen

Dr. Daine Spielman, Leo Baeck Institute, New York, USA, Stadtarchiv, Düsseldorf

Hans Winkens, claassen Verlag, Düsseldorf

Die Verfasser der Beiträge

Dr. Annette Baumeister, Kunsthistorikerin, wissenschaftliche Mitarbeiterin des Stadtmuseums Düsseldorf

Dr. Wieland Koenig, Kunsthistoriker, Leitender Direktor des Stadtmuseums Düsseldorf

Dr. Sybil Milton, Historikerin, wissenschaftliche Mitarbeiterin des United States Holocaust Memorial Museum, Washington, D. C.

Mieke Monjau, Witwe des Malers Franz Monjau, langjährige Freundin Julo Levins und Nachlaßverwalterin beider Künstler

Dr. Barbara Suchy, Historikerin, wissenschaftliche Mitarbeiterin der Stadt Düsseldorf, in deren Auftrag sie an einer Geschichte der Jüdischen Gemeinde Düsseldorfs arbeitet

Carl Lauterbach, Maler, Mitglied des ›Jungen Rheinlands‹ und des Künstlerkreises um Johanna Ey, Freund von Julo Levin in dessen Düsseldorfer Zeit

Fotonachweis

Landschaftsverband Rheinland, Landesbildstelle Rheinland, Düsseldorf (wenn nicht anders angegeben)

Bildarchiv Preußischer Kulturbesitz

Walter Klein, Düsseldorf